10th 2001-2011

壹顆心‧零距離 | One Mind, No Distance

世界宗教博物館開館［十周年］紀念專刊

pecial Issue for the 10th Anniversary of the Musuem of World Religions

來自編輯室

生日快樂！

　　適逢民國百年，世界宗教博物館也於2011年11月9日成立屆滿十週年，來自各方的祝福與鼓勵紛至沓來，在蕭瑟沁涼的晚秋季節，增添不少熱鬧與溫暖。

　　世界宗教博物館是靈鷲山佛教教團開山和尚心道師父發願的第一個志業體，從一人的發起到一群人的認同參與，宗博館匯集以臺灣為主及世界各地靈鷲山護法會十萬會員的百元捐款籌建而成，是一座名副其實集眾人長達十年之力的「平民博物館」，籌備期雖漫長但歡喜，開館十年來，依舊以如履薄冰之姿，一步一腳印，走得踏實。

　　以「尊重每一個信仰、包容每一個族群、博愛每一個生命」為創館理念的世界宗教博物館，十年來藉由博物館的典藏、研究、展覽、教育活動、出版，推動生命教育的核心價值「愛與和平」，促進各宗教間了解及共處，增進世人對世界宗教文化的認識與欣賞。世界宗教博物館創辦人心道師父更身體力行，以禪的攝心觀照為本，致力守護人類心靈，以推動宗教共存共榮，促進世界和平為職志，持續為推動世界愛與和平的地球家而努力不懈。

世界宗教博物館開館十年來，在心道師父、宗博基金會執行長了意法師、漢寶德館長、江韶瑩館長，以及館外來自產、官、學、研與各宗教領袖、人士的帶領與指導下，豐富了宗博館的內涵與底蘊，時至今日，宗博館已是全球聞名的宗教交流平台，亦是國內外人士探尋生命價值與心靈慰藉的處所。

適逢宗博館開館十週年，出版《壹顆心・零距離─世界宗教博物館開館十周年紀念專刊》，書中不僅收藏來自宗教界、產官學研各界的祝福與期許，還有揭櫫心道師父歷年國內外重要國際交流的行腳，以及宗博基金會執行長了意法師為文談宗博開館十年來的護持心路，與榮譽館長漢寶德先生、現任館長江韶瑩先生專文分享宗博館的經營經驗與規劃藍圖。

此外，本書也鉅細靡遺以圖文方式紀錄宗博館十年來舉辦的各項教育推廣與展示活動大事紀，以真實保有宗博館發展過程中的每一階段成果，希望本書可作為讀者欲了解宗博館運作的參考書，也是未來宗博館發展的珍貴史料。在此一併感謝各單位提供的資訊與珍貴照片，以及確認資訊的正確性，讓本書得以順利付梓。

序

百千法門，總歸心源
走過宗博十年，我的三個心願

釋心道 ｜ 世界宗教博物館創辦人

世界宗教博物館十週年最重要的意義，就是創造「尊重、包容、博愛」的和平基因，從民間社會延伸成一股生命覺醒的力量，從宗教界、學界、各領域逐漸啟發為社會運動，這股和平的力量，是宗博最可貴的精神，她讓心寧靜，和平的能量燃放轉化衝突，使一切仇恨的循環得以止息。

宗博緣起有一句「百千法門、同歸方寸」，這是禪宗四祖道信大師的心訣，宗博是提供一個開放的平台，從這管道中可以更深入認識自己，思維什麼是信仰？為什麼要信仰？最重要是種下信仰的種籽，讓大家能有一個面對生老病死的依據。事實上，我經常說「因為差異而存在，因為相同而和諧。」從佛法來說，萬法唯心所

造、唯識所顯，禪是華嚴的根，華嚴是禪的果實，可以說，禪是一種生命的全然提升，進而使萬事萬物互相提升的一個理念！

宗博這項志業，是禪的生命，也是華嚴的體現。沒有禪，怎麼表現「尊重、包容、博愛」的理念，因為禪的寬廣遠大，才可以呈現華嚴的莊嚴境界，因為華嚴，所以各宗教可以共存共榮，禪的這個果實就是華嚴，她既然是華嚴，也是心的表現，既是心，就是無所不在，華嚴的意義就是說真理的花朵處處開放，一即是一切。

禪文化是中國文化最獨樹一幟的特色，從現代世界的危機來看，更具深意，「禪」體現共生共存的一個文

化價值，它不具侵略性、衝突性，沒有對立、沒有隔閡，只有包容，只有尊重和諧、慈悲一切的共生共融。禪就在我們生活中發生，是隨時隨地都自在、善良、快樂，為別人著想的生活態度。禪，不立一法，因此，可以呈現立體的面面觀，才可以發揮這麼多，成為無處不用的文化涵養。

回首，宗博走過眾緣和合的十年，顛簸中有著許多閃亮如珠的血汗，我內心充滿感恩，感恩所有支持者無私無我、無怨無悔的護持，感恩國際與社會各界回應的驚喜與讚嘆，有著你們持續支持的力量，無疑是為臺灣宗教信仰的豐美土壤，寫下一頁舉世無雙的驕傲紀錄，使我們能謙卑地不斷前進，延續它的美好功德給下一代。

對於宗博的未來，我立下三個心願，願我們共同為人類的美好與地球的平安，繼續努力與奉獻：

一、讓宗博持續成為各宗教溝通對話的開放平台，鼓勵進行各種實質的和平交流與合作。

二、創建世界和平大學，積極培育國際人才。

三、以宗博的理念，落實為生命教育，延伸為全球寧靜運動。

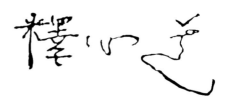

目錄

祝福篇

祝福篇

Well-Wishings

世界宗教博物館的成立儼然已成為宗教和平典範，亦是心道師父對世界最偉大的貢獻之一，
期待宗博館持續努力，將這樣的典範展現給全世界……

宗教交流因無私而和諧

安宏 ｜ 臺灣猶太教團體負責人

　　我曾經在世界各地不同的角落擔任過猶太教拉比，例如美國密西根州的底特律及其他社區，目前擔任臺灣猶太教團體的拉比。

　　過去，我曾受邀六次到臺灣大學演講，每回演講後，都會有許多學生到喜來登飯店的猶太會堂作禮拜，我感到相當喜悅。我們都會善用這樣的機會，透過細心說明來讓他們更加明瞭猶太教所有的事情。

　　每一次受邀參加宗教活動並發表演講時，我都不曾拒絕且未曾猶豫。宗教間的交流，因無私而和諧，我樂見於此。而這也正是世界宗教博物館的宗旨。身為心道師父的友人之一，我感到驕傲，也倍感榮耀，期望我們之間的友誼能夠長長久久、日益深厚。對於心道師父，我想毫不隱瞞地表達最高的敬意，與心道師父認識的算早，還記得世界宗教博物館剛成立，印製出版的第一本小冊子，前四頁內

容就是由我主筆。很榮幸也很開心，今年年初再次受邀於「新春祈福茶會」發表祈禱文。會場裡，來自世界各大宗教領袖齊聚一堂，共同為世界和平祝禱，是相當有意義的一件事。

世界宗教博物館的成立儼然已成為宗教和平典範，亦是心道師父對世界最偉大的貢獻之一，期待宗博館持續努力，將這樣的典範展現給全世界，讓更多人知道，在臺灣有這麼一個地方，與你相同渴望世界和平、地球一家。

最後，我以一個美好的希伯來祝福作為結語：「願心道師父能越來越好，願『世界宗教博物館』發展日益壯大。」

祝福世界宗教博物館十年有成，永續傳承，並祝福心道法師細心灌溉的宗教和平大樹，除了老幹，更能萌發新枝，讓地球一家的理念生生不息。

宗教性的洗禮

李玉柱 ｜ 一貫道總會理事長

一貫道的教義如同孔子所說的「吾道一以貫之」，基本上與各宗教不會有所衝突、敵視與對立。相反的，卻多了彼此和平交流、學習與融通，如此才能吸引原本就擁有信仰的朋友，願意進一步瞭解一貫道。

六十六年來，一貫道依著和平交流的精神，不斷與臺灣本土各宗教之間共享學習，而這正與世界宗教博物館的「尊重」、「包容」與「博愛」三大精神不謀而合。

與心道法師結識的因緣，是在西班牙一個公開交流活動，來自世界各地的宗袖領袖齊聚一堂。心道法師所發表的演說，博得現場熱情回應與掌聲，至今印象深刻。南亞大海嘯時，心道法師更發起跨宗教的勸募活動，共同為斯里蘭卡等災區，興建數以千

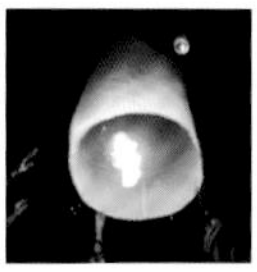

棟的愛心屋，如此慈悲心胸，教人敬佩。無庸置疑的，心道法師的慈悲，是完全跨宗教、遍世界的。

　　感佩心道法師與靈鷲山教團在幾乎沒有外力援助下，毅然決然創設臺灣第一座世界宗教博物館，實是不易。我想不僅只有宗教界，在此也特別推薦沒有信仰的民眾也應該走一趟世界宗教博物館，因為這不僅是宗教性的

洗禮，更是讓自己擁有世界觀的大好機會。

　　在此祝福世界宗教博物館十年有成，永續傳承，並祝福心道法師細心灌溉的宗教和平大樹，除了老幹，更能萌發新枝，讓地球一家的理念生生不息。

世界宗教博物館就像是在人生苦海中，指引迷航的燈塔，它不斷地提醒人們：
「回頭是岸」。

迷航的燈塔

李定忠 ｜ 巴哈伊教

　　宗教交流是這個時代相當重要的課題，全世界宗教這麼多，有一半以上的人口都擁有宗教信仰，令人不解的是，全世界的動亂、衝突，也未曾因此減少。

　　我在想，一定是那裡出了問題。

　　根據巴哈伊的教義，人類最終會走向團結與統一的道路。這中間必然會遇到的階段，總避不開衝突與對立。面對衝突，學習博愛與包容，是和平之路必經的過程。

　　談到和平，不能不提到世界宗教博物館所做的努力與貢獻，世界宗教博物館具有宗教和平的指標性，亦是一座硬體與軟體都很完善的博物館。我個人非常讚歎與讚美。深覺心道師父真是一位既慈悲又很有遠見的人。

世界宗教博物館的設立，讓整個社會都看到宗教和平的議題，讓民眾有機會瞭解很多的是非是不值得去鬥爭的。反之，要將心力凝聚在世界和平的共識上。世界宗教博物館就像是在人生苦海中，指引迷航的燈塔，它不斷地提醒人們：「回頭是岸」。

我非常讚賞心道師父為這件偉大工程所投入的心力與物資，全心全意支持、讚美並祝福心道師父所做的一切努力，皆有豐美的果實。

世界宗教博物館內有先進的科技、古老的聖物、專業的工作人員，還有充滿熱忱的志工，
這都是美好人性的未來希望。

以最適切的善行，
促成彼此最深刻的瞭解

李亮 ｜ 臺灣基督正教會神父

　　博物館的創立者當初的目的與願
景，亦即拉近不同宗教信仰者之間的
距離。心道法師創立宗教博物館的遠
見，真是匠心獨具。將眾人心中的
「神聖，mysterium tremendum」聚
集起來，用各種不同的概念、建築
物、聖物……等來呈現，儘管眾人心
中懷著各自對神的概念，然而彼此比
鄰陳列著。同時學習「別人」的想
法，瞭解其他宗教並不是帶來威脅的
敵人，而是另一群用不同方式接近神

的人。或許他們會發現，身旁的參觀
者是其他宗教的信徒，大家參觀著相
同的展品，學習彼此的信仰與信念。
而且，正教會也認為，只有親近他人
才能親近上帝，反之亦然。在相互學
習的過程中，我們開始瞭解彼此，然
後逐漸生出愛。這是宗教真正的目
標。

　　若是仔細研究教會分裂和宗教戰
爭的歷史（這些都是人類受苦最深的

戰役），我們會發現涉入戰爭的那些人彼此之間並不認識，對於彼此的宗教所知甚少，他們將對方視為「惡魔」。這是所有宗教和信徒的罪。世界宗教博物館內有先進的科技、古老的聖物、專業的工作人員，還有充滿熱忱的志工，這都是美好人性的未來希望。

聖經經文中與博物館的使命和心道法師的遠見相當契合。

καὶ κατανοῶμεν ἀλλήλους εἰς παροξυσμὸν ἀγάπης καὶ καλῶν ἔργων,

（希伯來書10：24）

意義是：總是懷著熱愛、以最適切的善行來促成彼此最深刻的瞭解。每當我提起毛筆抄寫這段文字，寫得都沒有預期的好。我想，我永遠都無法寫出滿意的作品。

猶記，日本道光禪師（鐵眼道光）歷經三度的艱辛，終於實現《大藏經》的翻刻工作。雖然最後完成的這部鐵眼藏彌足珍貴，然而，前兩部無形無相的，卻也是藏經的真實體現。

請將我未完成的書法看作是無形無相的真實體現，願這份微不足道的獻禮，化作我十年來對心道法師與博物館的致意。或許，未來的某一天，我能夠寫出令自己心滿意足的作品。

宗博館會有無數瞻望未來的豐碩十年，基督信仰的福傳也會有無數承先啟後的千禧年，
因為，還諸天地的美善永不停歇，愛，永不止息……

微觀世界裡宏觀的愛

洪山川 ｜ 天主教會臺灣地區臺北教區總主教

　　世界宗教博物館歡慶十歲的生日！十歲，拾穗！有著多麼深切的實質與精神意涵；值得恭賀，值得感謝，值得期許，值得祝福！

　　拾穗的殷勤，十歲的豐收，那並不關乎參觀人次的多寡，展覽活動的大小，媒體露出的頻率，營運收入的數字；而在於這十年來，脈流到人們心靈之中，潛移默化的影響力，所植下的善念種籽，所深耕的美善情懷，所建立的開闊視野，所付出的合一努力，站在包容與宏觀的超然立場，擁抱每個願意前來叩訪的群眾，在美感生活中學習，接納每個不同信仰、不同種族、不同國家、不同年齡的人，一同走向愛與和平，這恰是基督宗教兩千年來所懷抱並努力踐履的愛德精神，敬天謝恩，寬厚仁恕，孝愛扶持，共融合一。

當我們閉目仰頭浸潤於生命之水，感受清涼的心靈洗滌；當我們靜默低首緩步於朝聖之路，體會步步累積的修為精進；當我們觀賞生命影片，在太初混沌中感悟自身的渺小謙卑，卻又順服於天主召叫的傳愛有責；當我們走進從出生到死亡的生命長廊，窺見各地禮俗不同，祝福卻一致的喜悅；當我們或站或跪或趺坐於祈禱室，油然而生的默想與省思……，在在都讓人感動於宗博館匠心獨運的設計與啟迪，寓生命教育於多元趣味、豐盈智識與藝術美感之中，深入人心，盡情吸納。

令人印象特別深刻的是等比例的微縮模型世界，把古今中外世界各地的著名宗教代表性建築都齊聚一堂，無論教堂、聖殿、廟宇、禮拜所……，從宏偉驚嘆的建築看見每一種宗教所孕生的深厚文化底蘊，它們的外型如此不同，卻沒有誰優誰勝的比較心、差別心，反而散發著同樣的寧靜、安詳、自在氛圍，遠觀近賞都有一種由衷的感動，感動於信仰之於人心，是可以讓建造的人如此一磚一瓦一石一木的無怨無悔奉獻，也可以看到在湮遠漫長的生命歲旅中，代代相傳、生生不息的信仰渴求，以及對來世、對永生的期盼；這宏觀的愛，提醒著我們「諸惡莫作、諸善多行」，這宏觀的愛，催迫著我們濟弱扶傾、關懷共融。

我們有幸生在臺灣這信仰自由的淨土上，遠離宗教箝制迫害殺戮與恐懼；我們有幸能本著基督的博愛精神，埋下善念種籽，澆灌滌心沐靈的養分，成長一種開闊與豐美的信仰幅度，從心的微觀，去傳揚愛的宏觀，天主教樂於福傳，聆聽時代的訊號，廣傳幸福的音息，一如宗博館的用心與誠心，宗博館會有無數瞻望未來的豐碩十年，基督信仰的福傳也會有無數承先啟後的千禧年，因為，還諸天地的美善永不停歇，愛，永不止息……。

期待世界宗教博物館能陸續在世界各地成立，讓心道師父的和平理念能推廣到更多地方。

促進世界宗教和平對談

伊斯哈格・馬孝棋 | 中國回教協會秘書長

世界宗教博物館成立至今已逾十年，加上規劃的時間則已逾二十載。宗博館成立的宗旨無非就是希望能帶給世界和諧，促進人與人之間不同聲音的尊重與包容。在此，我個人相當肯定世界宗教博物館所作的努力。

今年，世界回教聯盟秘書長阿布都拉・涂奇博士選定臺灣為宗教對話與研討的地點，更顯其聖地麥加對臺灣在宗教和平地位上的認同與肯定。世界宗教博物館對促進世界宗教和平對談的貢獻，依此可見。

然而世人對於各種宗教的瞭解都稍嫌片面。期盼未來世界宗教博物館在宗教的專有名詞、術語、祈禱文等，都能多加對世人宣導，讓人們瞭解，進而學會尊重、包容每一種不同的宗教。

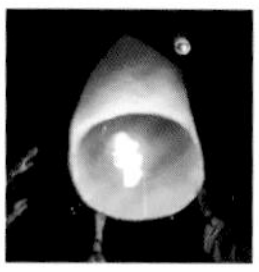

　　回想二十幾年前，與心道師父初次見面，是在南京東路的「世界宗教博物館籌備處」，有趣的是，那時還用毛筆幫忙撰寫阿拉伯語版本的「世界宗教博物館籌備處」，因為看到心道師父在宗博館下了相當大的苦心，所以我也寫得特別用心。

　　心道師父來自別的國度(緬甸)，卻能在臺灣宗教界這麼具影響力，而且不光是佛教，心道師父還能以超然的宏觀，給予不同宗教一個相同的舞臺，發揮各自的特色與智慧，彼此共享，相當難能可貴。

　　期待世界宗教博物館能陸續在世界各地成立，讓心道師父的和平理念能推廣到更多地方。讓地球一家的宏願，在臺灣扎根，將力量延展至全世界。

伊斯哈格‧馬孝棋

祈願世界宗教博物館百尺竿頭，更進一步，並將「尊重」、「包容」與「博愛」
的和平理念，發揚到世界各地。

尊重、包容、博愛的發揚

張檉 ｜ 中華道教總會理事長

　　在臺灣，有一個相當值得讚揚的奇蹟：宗教這麼多，非但不排斥，反而可以團結合作。

　　非常高興看到世界宗教博物館十年有成，這是非常值得慶賀的事。心道師父跟我的私交非常好，想當年道教在歷史博物館做文物展覽時，極缺展覽的道教文物，當時多虧心道師父及時幫忙，讓展覽相當成功，我們也因此成了跨宗教的好朋友。

　　直至今日，心道師父若有舉辦活動邀請我，我必然參加，不僅是情義相挺，更是因為我們擁有相同的和平理念。

　　道教是一個講求自然的宗教，所謂自然，就是做任何事情都不刻意、不做作。心道師父亦有這種精神，所以在很多地方我們彼此不謀而合，相處融洽。

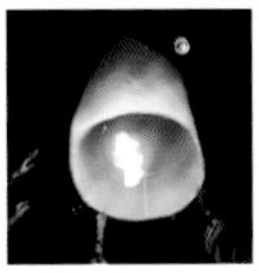

　　心道師父創辦世界宗教博物館很不容易，需要找尋許多跨宗教的文物，單就這點已屬不易，況且文物收藏者也不一定都願意提供予博物館做為展示。但是世界宗教博物館做到了，而且是一直在成長，這真是相當令人歡喜讚嘆。

　　所有事情，開始都是困難的，可喜的是，它必然成長。如今，世界宗教博物館開啟了十年的歷史，我堅信，

未來世界宗教博物館將會有更宏偉的大躍進。

　　祈願世界宗教博物館百尺竿頭，更進一步，並將「尊重」、「包容」與「博愛」的和平理念，發揚到世界各地。

張檉

龍山寺願與靈鷲山共同秉持我觀音佛祖慈悲濟世尋聲救苦之弘願，積極推動
公益慈善教化事業，善盡宗教撫慰人心的力量……

以觀音慈悲精神謀人類福祉

黃欽山 | 艋舺龍山寺董事長

　　民國九十八年適逢艋舺龍山寺建寺二百七十週年，同年世界宗教博物館正在籌劃針對臺灣境內五大宗教，挑選出其中最具特色之建築物作一系列模型特展，而本寺因為歷史悠久建築宏偉，向來被視為最能完整呈現傳統建築精華的廟宇，尤其是在歷經西元1920年的全寺大整修與二次大戰後西元1955年圓通寶殿的重修，無論在建築格局、屋頂造型，或是石雕、木刻、剪黏彩繪等，均匯集了福建泉州及臺灣廟宇界諸多名匠，以「對場作」的方式互相競技下所產生的經典藝術大寶庫，堪稱是最能代表臺灣宗教民俗信仰特色之廟宇，因此受到宗博館的邀請共同合作推出本寺圓通寶殿模型特展，於該館和平廳以一比三十之比例製作立體雕塑模型，並以LED光源創造出透視效果，營造近距離觀看觀音佛祖聖像端坐神龕之莊嚴寶相，及殿外走馬廊上雕刻精緻之龍柱、花鳥柱等，現場並介紹本寺歷史

文化及神明典故等，這可以說是艋舺龍山寺與世界宗教博物館結下妙善因緣的初始。

展覽期間，本寺董監事也應邀到宗博館參觀，當時除了對宗博館用心將圓通寶殿模型製作得如此細膩傳神而讚嘆不已外，也透過參觀館內所陳設的十座世界著名宗教建築模型，深切的體悟到靈鷲山開山住持心道法師宏觀的器度，以佛教長老尊貴的地位卻能以海納百川的心境，在臺灣建立國際首座以宗教理念為展示主題的專業性博物館，帶領大眾透過欣賞文化藝術之美進入各個不同宗教領域，充分顯示臺灣人民愛好和平與信仰自由的精神，同時也落實了靈鷲山無生道場所宣揚的「尊重每一個信仰、包容每一個族群、博愛每一個生命」的世界共識與全球倫理規範，可謂為世人立下了百世不朽的良好典範。

今年欣逢中華民國建國一百年，同時也是世界宗教博物館創館十週年之紀念，龍山寺願與靈鷲山共同秉持我觀音佛祖慈悲濟世尋聲救苦之弘願，融合心道法師所提倡「生活禪」實踐關懷生命的教育宗旨，積極推動公益慈善教化事業，善盡宗教撫慰人心的力量，造福社會大眾並進而促進人類和平共存，本人謹代表艋舺龍山寺全體董監事和信徒祝禱心道法師法體安康，靈鷲山佛教教團法脈廣傳，世界宗教博物館館務永續綿延，祈以「願消三障諸煩惱 願得智慧真明了 普願災障悉消除 世世常行菩薩道」的觀音慈悲精神為我全球人類共謀福祉，祈求生命永生不息。

黃欽山

世界宗教博物館即將邁入第十一年，這是很關鍵性的起點。期望世界宗教博物館
能夠把宗教和平與地球一家的理念深根世界……

淨化人類心靈

蔡光思 | 天帝教樞機使者

第一次與心道師父接觸，是宗教研討會的時候，隨後心道師父邀了性月師和顯月師等師父同來天帝教參訪。當時是由我負責接待他們，也是這樣開始跟心道師父結緣。

曾經多次參訪靈鷲山無生道場，發覺心道師父不但沒有破壞自然，更把道場跟自然結合在一起。心道師父說，尊重自然其實也是一種教育，也是佛的心意，佛是建立在人心裡面重

要的慈悲。因為如此，心道師父有他的禪心、願力與慈悲力，內心是一片祥和自然，而這也成就他在佛教界的一個重要地位。在宗教大同的觀念上，我們天帝教與心道師父的理念更是不謀而合。

與心道師父每次見面，我們都會來一個親切的擁抱。我常跟心道師父說「阿彌陀佛」，心道師父也會回以天帝教二十字真言「忠、恕、廉、明、

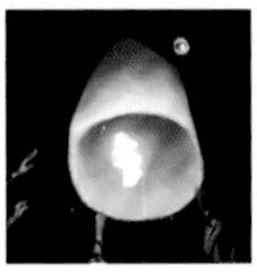

德、正、義、信、忍、公、博、孝、仁、慈、覺、節、儉、真、禮、和」來親切回應。這是我們兩人之間的心靈相應，令我相當歡喜。

心道師父於十年前創立世界宗教博物館，這是禪心、願力與慈悲力的展現，個人相當敬佩。這種跨宗教的和平思維，在佛教的傳統以外，在社會上也具有非凡的意義，無疑的，這是淨化人心的神聖工作。

回想十年前，我有幸參與世界宗教博物館動土的儀式，從整修到開館，我亦擔任第一屆的諮詢委員，漸漸明白心道師父的想法，不僅是把文物擺著，而是藉由擺放這些文物，讓每個人的心靈做到淨化與教化的工作。

世界宗教博物館的成立，無非是期待能凝聚各宗教的力量，如果能因此合作，我想對社會、對人心的改變，將是一股強大的正向助力。而這樣的想法與心道師父提出的自然保護與共生共榮的理念是一致的。

世界宗教博物館即將邁入第十一年，這是很關鍵性的起點。期望世界宗教博物館能夠把宗教和平與地球一家的理念深根世界，讓每一個人都知道臺灣有一個發揚人類生命價值、肯定生存意義的世界級宗教博物館。

蔡光思

走過世界宗教博物館一回，像是繞了世界一圈，不僅增長自己對各種宗教的認識，
更能將宗教和平的理念深植於心⋯⋯

宗教和平理念深植於心

賴榮信 ｜ 臺灣聖公會主教

聖公會宣教福傳的目的，是期待能帶給每個朋友對主上帝奧秘、奇妙創造與救恩的感恩、讚美，順服祂的誡命、教訓，並讓每個人都能用心靈與誠實愛上帝，愛鄰如己，藉由愛，來淨化、富足每個人的心靈。我深信，所有宗教終極的教義，都是為了推動愛與關懷，唯有如此，才能讓世人更加珍惜生命，生活更加和諧。

每當有國外的牧師、聖職人員來到臺灣參訪，我都會陪著他們一同參觀世界宗教博物館，是參觀，更是一種學習。藉由各式宗教珍貴的文物，加上世界宗教博物館詳盡的介紹動線與圖文解說，讓每位參觀的民眾都像是上了震撼的一課，明白自己所處的世界，原來有著這麼多不同的宗教，相信每個人也都會因為瞭解，進而包容。世界宗教博物館在宗教和平上所發揮的精神，難以形容。

　　走過世界宗教博物館一回，像是繞了世界宗教界一圈，不僅增長自己對各種宗教的認識，更能將宗教和平的理念深植於心，期盼參觀過世界宗教博物館的人，都能讓自己的心靈更加的富足。

　　十年，是世界宗教博物館在宗教和平上完美的一大步，祝福宗博和平百年，世界永續和平千萬年。身為臺灣聖公會主教，在此也代表美國聖公會，我們承諾，將願意與心道師父一同為宗教和平的目標上，共同努力。願上帝祝福心道師父，祝福每一個人。

賴榮信

弘法淨心

馬英九 ｜ 總統

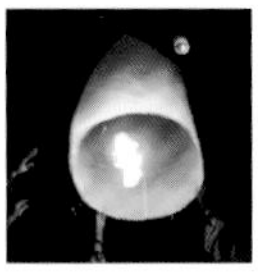

世界宗教博物館開館十週年紀念

弘法淨心

馬英九

中華民國一百年八月

英九用箋

期望世界宗教博物館，在未來的日子裡，能繼續秉持著「尊重、包容、博愛」的信念，
指引每個人的心靈淨土，宣揚教化共創和諧的社會，並為世界和平而努力。

為世界和平而努力

楊進添 ｜ 外交部部長

　　在21世紀全球化、資訊化的時代，國際交流頻繁，為謀求國家利益與人民福祉，我國勢必與世界各國政府及人民攜手合作，以解決全球所面臨的問題。

　　「全球化」不僅對政治、經濟層面議題造成衝擊，在宗教、文化方面，也因交流頻繁，為異中求同，彼此學習乃有必要。由於各國在宗教、文化的差異顯著，可能因誤解及溝通不足而引起衝突，造成無法彌補的傷害，因此學習如何尊重、包容不同的種族、宗教、文化，共謀全人類的福祉，已然成為當前國際社會一項重大課題。

　　世界宗教博物館因心道法師的發願而創立，十年來透過不同宗教間的交流活動，增進彼此了解，進而相互合作。藉由不同宗教文物、圖文以及多媒體影音呈現，促進國人對於各宗教

的傳統、宗旨、教義能有更進一步的了解，以體驗更多元、更豐富的宗教文化。

期望世界宗教博物館，在未來的日子裡，能繼續秉持著「尊重、包容、博愛」的信念，指引每個人的心靈淨土，宣揚教化共創和諧的社會，並為世界和平而努力。

楊進添

在臺灣，除了學術界於比較宗教學領域挹注心力，世界宗教博物館成立十年以來的
多元宗教教育機能亦足令人激賞。

領略多元宗教聖與美平台

江宜樺 ｜ 內政部部長

人類為了解釋未知領域、尋求永恆真理與獲得安身立命的憑藉，而創生宗教信仰；為了表達神聖信仰的崇高奧妙，而創作了神話敘事、哲思理論、文藝作品與宏偉建築。然而，在宗教影響人類文明發展、生活模式與價值觀的過程中，世俗的生態環境、經濟條件、語言文字與文化習俗，也反向形塑宗教並被內化為宗教的一部分。因此宗教現象的複雜與多樣性，加上本位主義及主觀意識型態，經常

是人們難以客觀理解他者宗教的藩籬。

宗教學之父繆勒(Max Müller)曾言：「只知其一者，一無所知」。近代以來，宗教的本質、意義、結構與功能等議題，隨著全球化的趨勢而益加發人深省。研究者從哲學、人類學、社會學、心理學、現象學、生態學，甚至經濟學等觀點，有系統地進行各宗教的比較與分析，嚴肅地探討

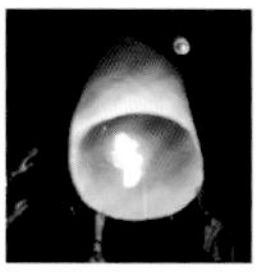

其特徵的普遍性與獨特性，逐漸開展出以各宗教為對等客體的宗教研究。此外，尊重、包容異文化的宗教對話，也逐漸成為宗教社群間的常態交流，使人類文明的進化重現曙光。

在臺灣，除了學術界於比較宗教學領域挹注心力，世界宗教博物館成立十年以來的多元宗教教育機能亦足令人激賞。藉由館內提供的知識介面與活動方案，社會大眾可便利而近距離地窺探各類宗教文化的聖與美，有效地提升宏觀視野與宗教平等意識，避免輒以孰優孰劣、全然相同或相異之隔見，而誤失宗教真諦，化約宗教豐富的現象意涵。在跨文化交流頻繁的今日，此一知性學習平台尤其值得我們的珍惜。

前瞻未來，我們真切地期待與祝福世界宗教博物館，能在「百千法門，同歸方寸」的既有理念下，持續為社會的進步與和諧貢獻力量，為臺灣與世界文明的接軌而永續發展。

江宜樺

在這慶祝開館十週年之際，除表達祝賀之意，並祝福世界宗教博物館不斷傳承宗教關懷的核心價值，發揮社會教育的功能，使「愛與和平」的信念得以傳遞與蔓延。

傳承宗教關懷核心價值

吳清基 | 教育部部長

教育是百年大業，關係著國家的未來，因此教育部除積極推動各級學校教育，亦考量不同人生階段及社會的脈動，建立多元終身學習管道，提供多樣化的學習內容，並倡導終身學習理念，使民眾能活到老學到老，以建立終身學習社會，持續提升教育品質、培養優質人才，以教育提升國家競爭。

「博物館」一直是終身學習的重要管道，因網際網路的蓬勃發展，帶來21世紀學習行為的改變，為因應這一波的學習變遷，結合N世代的創新數位科技，以更活潑、生動及便捷的方式呈現典藏品，有效地將歷史、文化、科技、知識及價值體系傳承給新的世代將是博物館發展的新趨勢。

世界宗教博物館成立於2001年，基於「尊重信仰、包容族群、博愛生命」的核心價值，除了常設

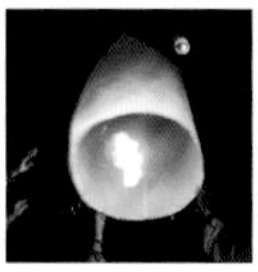

展、特展外，更召集了各級學校的
校長、教師籌組「生命領航員聯
誼會」，將其生命教育理念透過活
動傳遞給學校師生；出版「生命教
育專輯」系列刊物、生命教育兒童
繪本；廣邀學者舉辦研習營、推出
多元的校外教學方案等，在在展現
出世界宗教博物館異於其他的博物
館，係著重於生命關懷與生命教育
的特色，肩負起社會祥和、族群共
融、世界和諧的責任與使命。

在這慶祝開館十週年之際，除表
達祝賀之意，並祝福世界宗教博物
館不斷傳承宗教關懷的核心價值，
發揮社會教育的功能，使「愛與和
平」的信念得以傳遞與蔓延。

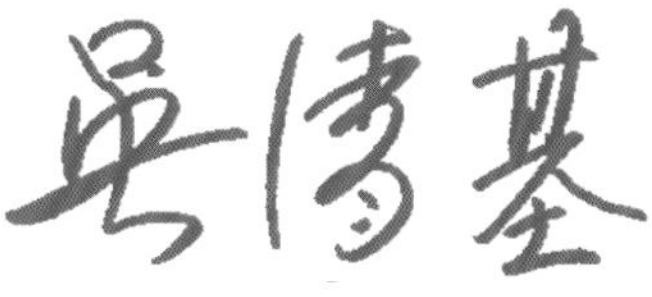

吳清基

感謝世界宗教博物館十年來的努力與貢獻，相信在未來，世界宗教博物館將持續為臺灣的文化發展而努力。

兼具東西方文化的博物館

盛治仁 ｜ 行政院文化建設委員會主任委員

世界各宗教因信仰理念各異，往往難以和諧共處，甚至因宗教而發生的戰爭，在歷史上時有所聞，為避免人類的浩劫一再重演；位處臺灣的世界宗教博物館在成立之初，即秉持「尊重、包容、博愛」，宣揚「愛與和平」理念，廣為接納不同的文化、族群與宗教，凸顯臺灣的多元開放，歷經十餘年的默默耕耘，在這個紛擾的世界，益顯得彌足珍貴。

不僅如此，世界宗教博物館在「向下扎根」及「走向國際」方面的推展，也有卓著貢獻：在「向下扎根」方面，世界宗教博物館推動了「365天生命教育護照」、「社區有教室」、「奇幻獸抱抱」、「多元文化藝起來」、「青春不設限」等活動方案，鼓勵學校、班級、青年學子參訪世界宗教博物館；而在「走向國際」方面，該館除常設展外，更先後

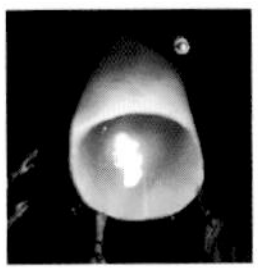

以特展的方式推出「神氣佛現—山西泥菩薩展」、「趨吉辟邪—民間文物展」、「爵鼎聰明—青銅器兒童教育展」、「聖誕圖特展——幅畫的故事」、「慈悲自在—遇見觀音」「祖靈的國度—原住民信仰文化特展」等活動，展覽兼具東西方文化以及在地文化的精髓，同時也積極透過國際展覽交流的合作機制，來提昇臺灣整體文化環境。

感謝世界宗教博物館十年來的努力與貢獻，相信在未來，世界宗教博物館將持續為臺灣的文化發展而努力。

最後，謹祝世界宗教博物館周年慶活動圓滿成功！

世界宗教博物館自成立以來致力與社區融合，長年辦理藝術人文講座、教育研習營活動，
並蒐集地方文史，出版專書與辦理地方文化展，讓民眾瞭解社區文史發展的歷史……

喚起社會注重生命教育

朱立倫 ｜ 新北市市長

近幾年來，臺灣社會各界已逐漸重視心靈的提昇，有識之士乃呼籲政府應重視「淨化人心、改革社會」的深層理念，促使各級政府大力提倡心靈環保，希望藉此能弘揚忠孝節義、教化人心，端正社會風氣，進而懷有宗教濟世度人的慈悲胸懷。基於憲法保障宗教自由與平等，宗教活動在我國可以說如雨後春筍般蓬勃發展，宗教的力量對社會的影響更無遠弗屆，

「宗教信仰」可說是「淨化人心、改革社會」不可或缺的原動力。

值得欣慰的是，宗教事務在政府多年來的輔導及宗教自治，現已逐漸茁壯成長，且宗教界也都能發揮「取之於社會，用之於社會」的深層理念，主動積極配合政府興辦各項公益慈善及社會教化事業，績效顯著。其影響力更深入社會各階層，發揮穩定性的

作用，進而促進社會之祥和，共謀人
類福祉。

世界宗教博物館自成立以來致力與
社區融合，長年辦理藝術人文講座、
教育研習營活動，並蒐集地方文史，
出版專書與辦理地方文化展，讓民眾
瞭解社區文史發展的歷史，博物館的
發展使命，期許喚起社會注重生命
教育，且必須從小紮根，全民參與。
而藝術與美學的推動，必須由我們的

生活與社區做起，更重要者，我們要
有寬闊的世界人文觀，為建立愛與和
平的全球人文而貢獻努力，這與立倫
重視新北市在地樂活的施政理念相契
合，也期許未來新北市政府能借重心
道法師世界宗教觀的智慧，共同為新
北市民造福與祈禱。

朱立倫

期許宗博在文化觀光上，能提供更多的協助，發揮更大的效益，讓國際觀光客對臺灣的
人文風情有更深刻的認識與體驗……

展現在地人文信仰

賴瑟珍 | 觀光局長

世界宗教博物館開館十週年了，這十年來藉由博物館的蒐藏、展示、教育、推廣，讓民眾認識、理解世界各種宗教，欣賞宗教文化藝術，並積極推廣全民生命教育，在這個心靈動盪、不確定的時代裡，讓民眾獲得精神的撫慰，找到心靈的力量，並從中得到成長。

世界宗教博物館不但包羅世界各地的宗教文物，同時也展現臺灣在地的人文信仰，是一個非常具特色的國際觀光景點，在一般的市場觀光或生態旅遊之外，提供觀光客另類深入瞭解臺灣的方式；期許宗博在文化觀光上，能提供更多的協助，發揮更大的效益，讓國際觀光客對臺灣的人文風情有更深刻的認識與體驗。

宗博十年，適逢民國百年，對於世界宗教博物館帶給國家社會的正面作用，本人深表認同與肯定，希望未來

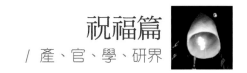

能更堅定信念，以其專業引領全世界
各族群領略世界宗教人文之美，並能
了解博愛的難得，和平的可貴以及生
命的無價。

世界宗教博物館所追尋之目標深遠，不落窠臼。館內呈列著信仰、傳統、儀式、音樂與建築，使人沉澱繁華、恬靜心靈……

實踐包容與尊重

慕東明 | 墨西哥商務簽證文件暨文化辦事處處長

很榮幸有機會向慶祝成立十週年的世界宗教博物館(MRM)表達祝賀之意。也很高興今年墨西哥商務簽證文件暨文化辦事處能躬逢其盛，並和貴館進行深度的文化合作，成功舉辦「墨西哥瓦曼特拉 聖母 聖像花毯」特展，且在2011年3月26日至9月18日展覽期間吸引無數國內外民眾前往貴館展廳觀賞。

無庸置疑，這類的交流活動使雙方得以建立堅強的友誼關係，並拉近墨西哥和臺灣間的文化認知，而臺灣民眾更因此能發現，細膩的墨西哥民族蘊藉出的最舉足輕重且美不勝收的基督藝術表現。然而觀古鑑史，本人斗膽直言，在某一程度上，此類交流其實暈染著兩方再次邂逅的色彩，因為墨西哥在兩百多年間（1564-1815）於亞太區扮演

著傳播天主教之角色，傳教士們登上從墨西哥領土啟航的「馬尼拉商船」，前往菲律賓群島宣揚基督福音，而隨著歲月的遞嬗，亦開啟了天主教在福爾摩莎(現今臺灣)的傳道工作。

世界宗教博物館所追尋之目標深遠，不落窠臼。館內呈列著信仰、傳統、儀式、音樂與建築，使人沉澱繁華、恬靜心靈—縈繞著完全尊重的氛圍—是一處認識各式宗教，陶冶人文涵養之絕佳場所。

十年工作說來容易，但是為了要成為臺灣最重要的博物館之一，世界宗教博物館歷經挑戰—且要繼續

面對。竭誠希望貴館在時間的淬鍊中，更加茁壯為向世人倡導不論宗教信仰，皆應實踐包容與尊重的機構。

最後，向完成這項鉅作壯舉的法師與館內人員表達最誠摯的祝謝。在此亦感謝館內熱情志工的協助，讓訪客們能盡情享受此地所提供的令人目不暇給、興味盎然的展覽。

轉眼間，世界宗教博物館已邁入第十個年頭。我期盼將來有更多的民眾走進世界宗教博物館，
從中了解各宗教的內涵與精神，感受宗教滿滿的祝福與關懷。

宗教包容與和諧的象徵

吳伯雄 ｜ 伯仲文教基金會董事長

　　宗教以慈悲為懷，能夠為社會帶來安定與和諧，宗教的力量是無遠弗屆的，它往往能超脫一切束縛，以最直接、最有效的方式，去幫助需要幫助的人。

　　以臺灣的九二一大地震為例，在當時，最急迫的物資是通過宗教界及時送到災民手上，同時也是宗教界在第一時間撫慰受傷的心靈。臺灣這塊土地，因為有宗教的守護，才能從悲傷、從災難中重新站起。因此，當我得知心道法師要籌建世界宗教博物館時，便決心要幫助心道法師，因為我們都是佛光山的弟子，有著相同的理念。記得當時我曾在義賣活動中獻歌，成功替宗博館募得二百五十萬新臺幣。

　　宗博館的成立，代表著宗教的包容與和諧，而其在臺灣設立，更顯示臺灣是一個宗教自由的國家，一個開放

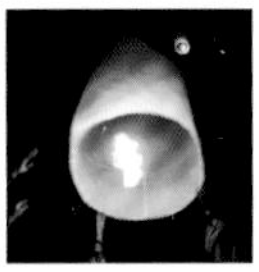

的社會，接納不同的族群、文化。我
們應繼續護持心道法師，因為心道法
師仍有很多的理想未實現，而這些理
想都是對社會有利，對國家有益、對
世界有益的。

　　轉眼間，世界宗教博物館已邁入第
十個年頭。我期盼將來有更多的民眾
走進世界宗教博物館，從中了解各宗
教的內涵與精神，感受宗教滿滿的祝
福與關懷。

宗博館在生命教育的推廣上不遺餘力，對於兒童族群也有小天使慈善服務、
彩虹女巫說故事等活動，擺脫過去沈重的印象，真正成為一座寓教於樂的博物館。

向下扎根・散播愛的種子

陳進財 ｜ 世界宗教博物館發展基金會董事

　　十五年前，我與心道師父結識，當時師父向我提及創立世界宗教博物館的宏願，並闡述了尊重、包容、博愛的理想。當下我非常欽佩他開闊的胸襟，因為一個宗教團體能沒有排他性，是件非常難得的事；而世界宗教博物館的立意，對社會、人性的教育，都有著正面的能量，亦能帶動臺灣與世界接軌，促進宗教和諧，對國家、社會都有著極大的影響力。面前這位師父宏大的心念令我欽佩與認同。我隨即應允師父，協助推動這個志願；爾後也皈依師父，踏上修身及度眾的道路。

　　博物館籌備之初，陳春光先生、郭進財先生等花費了許多心力，如果沒有他們的堅持與努力，找來一群默默奉獻的大功德主及人間菩薩，就沒有現今的宗博館。在我們歡慶開館十週年之際，也應感念前人種樹的努力，傳承利眾的使命永不懈怠。

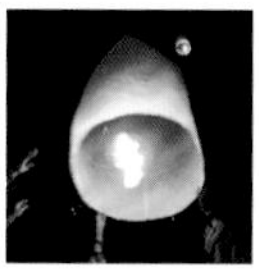

世界宗教博物館是一座極具深度的博物館，呈現出莊嚴的氛圍，但對兒童而言，無形中卻產生了畏懼，無法體會宗博館的精神。我就在思考，宗博館的經營要如何貼近民眾，更為孩童所接受？因此當漢寶德館長提議以淺顯易懂的「愛」為表現理念，設立兒童生命教育館時，我即號召榮董聯誼會及善心人士積極支持這項計畫。宗博館在生命教育的推廣上不遺餘力，對於兒童族群也有小天使慈善服務、彩虹女巫說故事等活動，擺脫過去沈重的印象，真正成為一座寓教於樂的博物館。

我期許世界宗教博物館在接下來的十年，邁向國際，繼續和世界交流、合作，將更多元的宗教、文化，展現在國人的面前，感受各民族對於信仰的虔誠；向下扎根，愛的種子要在成長時越快去播種，對他的人生影響越大；積極與教育單位聯繫，使得處在青春期的青少年，藉由參觀、活動，理解生命的可貴與無價，從而體悟到生命的真諦；此外擴大服務對象，規劃老人關懷、親子活動，讓愛的種子散布在每位參訪者的心田，讓世界宗教博物館成為一座融入各階層，洗滌心靈的博物館。

陳進財

邱福地先生（右二）、邱鵬宇先生（左二）一家與師父

誠摯感謝一路走來默默無私奉獻的每一個人，無集結眾人之力亦無法成就這段佳話，
希望這難能可貴的大愛精神與信念，能突破形體上的束縛，散播感染延續至未來。

秉持愛、和平的初衷與善念

邱福地 ｜ 東家機構董事長
邱鵬宇 ｜ 東家機構董事長特別助理

捐贈者的期許 —

　　秉持愛、和平的初衷與善念
　　　　許　世界宗教博物館
　　　　　　無數個精彩十年！

　　　　　　　　　邱福地

　　"世界宗教博物館"、"宗教博物館"、"宗博館"，不過只是一個形式上的名稱，所傳遞或蘊藏的意義，可大、可小、可深、可淺、可有、可無、可多、可少、可重、可輕，唯一不應被忽視及輕描淡寫帶過去的，是從零開始乃至接下去的每一秒，曾經參與其中任何過程的每一個生命，與其試著歌頌歷史或期盼未來，不如務實面對當下的每分每秒，堅持心底深處的信念，必有機會克服可能的難關考

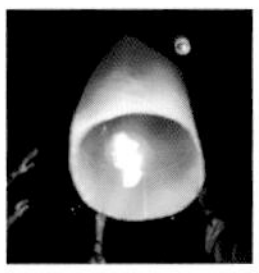

驗，縱使遭遇挫敗，無須怨天尤人，秉持正念、無私及善愛之心，不爭虛榮浮華的名利，只求問心無愧！以上簡述東家機構老董事長邱純青先生、老董事長夫人邱貞瑜女士、故董事長邱澤東先生及董事長夫人黃玉瓊女士，於當時發願的緣起，而這般的信念與精神，亦延續謹記於家族成員心中，惟若對存有邪念、惡言、私心之人，亦以正念善愛的態度面對共處。最後誠摯感謝一路走來默默無私奉獻的每一個人，無集結眾人之力亦無法成就這段佳話，希望這難能可貴的大愛精神與信念，能突破形體上的束縛，散播感染延續至未來。

邱鵬宇

臺灣的社會仍需更進步，回顧「世界宗教博物館」十年來的耕耘，我們給予最高的評價，
前瞻未來的另一個十年，我們也寄予極大的期待……

展現臺灣多元社會風貌

蔡彥仁 ｜ 政治大學宗教所教授

　　靈鷲山心道法師本著「尊重、包容、博愛」的精神，於2001年創立了「世界宗教博物館」，倏忽之間，今逢成立十週年，可喜可賀，值得十方參與者與關懷者舉杯同慶。

　　臺灣是「世界村」的重要成員，在全球化的浪潮中，多年來已有相當亮麗的表現，而其中最為國際人士稱道者之一，即是臺灣社會的宗教多元與融合共存現象。盱衡世界歷史與當今國際局勢，宗教往往是激發地區或國家之間衝突的因素，但是在臺灣，我們目睹各類宗教彼此尊重，相互交流與學習，遇有天災人禍，即奉獻投入，濟困解紛，而平常對於教育、文化、醫療、環保等各領域，亦戮力從事，成為今日臺灣社會和諧與進步的基石動力。「世界宗教博物館」具體而微的展現出臺灣多元社會的風貌，透過宗教文物的典藏與展覽、專業人士的演講、提供宗教交流的平台、推

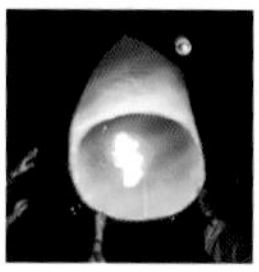

動生命教育等活動，在提昇臺灣社會
的精神品質上，做出了難以估量的貢
獻。

　　臺灣的社會仍需更進步，回顧「世
界宗教博物館」十年來的耕耘，我們

給予最高的評價，前瞻未來的另一個
十年，我們也寄予極大的期待。

　　是為賀。

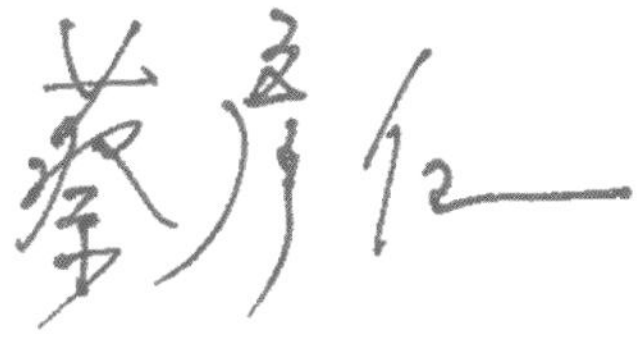

世界宗教博物館是臺灣建築藝術的榮耀，也是引發社會生命省思的正向力量。
這是從我第一次接觸宗博館至今不變的信念⋯⋯

宗教藝術與臺灣生命教育領航

黃雅文 ｜ 世界宗教博物館生命領航員聯誼會會長

十年前，在一次偶然的逛街行程中，百貨公司的物質世界仍充斥著大腦與全身細胞，走出百貨公司驚然一瞥，宗博館入口處還堆積著建築需要的版模，我好奇的進來，仰望天花板一顆一顆的水晶，問那是甚麼?可以參觀嗎?館方人員微笑的說：「歡迎來到世界宗教博物館！」我進入電梯，瞬間，滿腦的物慾被電梯內的播音與宗教寧靜氛圍臣服了。接著的水幕遠望時清新，雙手觸摸時頓時心靈

的洗滌與宗教漸漸融合。朝聖步道上不時傳來「我是誰？」、「我們為什麼懼怕死亡？」⋯⋯的耳語，讓慢慢走在步道上強烈的反省與面對內在的自己，久久不能忘懷！

世界宗教博物館是臺灣建築藝術的榮耀，也是引發社會生命省思的正向力量。這是從我第一次接觸宗博館至今不變的信念。十年前，我服務半生的國立臺北教育大學張玉成校長邀請

我創立一個研究所。毫無猶豫的，我將新創研究所的名稱定為「生命教育與健康促進研究所」並與宗博館產學合作，將生命之旅廳的展示內涵與國民中小學教學活動設計融合與接軌，與陳莉諭主任合編完成了《生命的五個階段－國小生命教育教案》教學活動設計、《生命之旅－生命的五個階段國中生命教育教案》教學活動設計。十年來，每一學期大學部、研究所學生們無論是現職老師或者是師資培育的未來老師，世界宗教博物館是必修必旅的體驗課程。2010年2月1日退休後獲聘為亞洲大學健康產業管理系研究所教授，開設生死學、生命教育與靈性健康等相關課程。宗博館依舊是我必然帶領學生體驗、參訪的博物館。在欣賞宗教與藝術之餘，更能透過宗教認識、省思自己。

十年來承蒙厚愛，先後擔任宗博館生命領航員聯誼會第二屆與第六屆會長。在漢寶德榮譽館長、江韶瑩館長與全體館員的支持下，領航員工作團隊努力不懈，成功的舉辦無數生命教育研討會與教材發表會。回顧種種，我感恩宗博館陪伴著我生命成長作育英才，將生命教育透過宗博館播種在現職教師、師資培育之未來教師、醫護社工行政人員的心靈世界，藉而影響自己、家人與社會。十年情緣，我所認識的世界宗教博物館是宗教、哲學、藝術與臺灣生命教育的領航先驅，更是臺灣社會正向力量的搖籃。

實踐篇
Practice

心和平・世界就和平
心道師父的和平之路

整理／出版中心

地球是我們唯一的家，每一個宗教、每一個族群、每一個個人都不應互相攻訐、互相毀詆，而應努力溝通、誠懇對話、積極交流、和平來自實際行動。

—心道師父

宗博館創辦人心道師父基於「尊重、包容、博愛」的理念，為了促進宗教交流與對話，二十年來足跡走遍全世界，並在全球信眾的善資護持下成就世界宗教博物館，宗博館也成為全球跨宗教交流合作與對話的重要平台，同時是世人追求愛與和平的心靈聖地。心道師父認為：「世界宗教博物館存在臺灣這件事，是一個象徵，代表『愛和平』的啟示。」

世界宗教博物館在2001年11月9日正式開館後，心道師父仍選擇繼續行走，將足跡踏遍世界的每個角落，藉著跨宗教、文化的聆聽、對話交流，打破彼此藩籬，希望帶給世人平靜的心靈與安全的家園，就如同心道師父所言：「當我們的心靈和平了，我們的世界就和平了。」

心道師父強調：「宗教之所以神聖在於一份付出、奉獻並且拯救世人的情操。大部分的宗教都是以善為出發點，都是為了愛……。」也因此，心道師父除了積極推動宗教交流外，對於人道救援更是不遺餘力。近年全球天災不斷，心道師父往往不顧安危，在第一時間深入災區，不僅提供了物資，更為災區住民帶來心靈上的慰藉。

心道師父「依持著原始初衷，運用著當今的科技，努力不斷地建立人與人之間的信任與友誼，用善的正向能量，串連起不同國度，相同的那顆渴望和平安定的心。」他所踏出的每一步，都讓世界更加緊密，更加和諧。

走過十年，宗博在讓人們認識各宗教之善與美、推動宗教交流與對話、落實生命教育等方向上交出了漂亮的成績單。我們期許未來宗博的理念能夠在世界每一個需要的角落開枝散葉，讓「愛與和平」的世界早日到來。

2001－2011
心道師父宗教交流大事紀
2001

· 11月9日，世界宗教博物館正式開館。邀請來自三十四個國家一百八十多位藝文界、宗教界、學術界人士共同參與揭幕儀式。開館系列活動之「全球聖蹟維護國際會議－宗教·博物館·世界和平」於圓山飯店展開。在「世界宗教和諧日祈福大會」中，全體與會人員在心道師父的帶領下，正式發表「世界宗教和諧日」宣言，並訂每年的11月9日為「世界宗教和諧日」。

開館活動照片▼

2002

· 1月3日、4日，泰國御封華宗大尊長仁德上師參訪世界宗教博物館及靈鷲山無生道場，與心道師父會晤。

· 2月19日~21日，心道師父展開香港弘法之行。

· 3月6日~16日，心道師父展開「愛與和平美國行」。7日，參加在美國紐約哥倫比亞大學舉辦的「回佛對談」；11日在紐約Opening Center參加九一一祈福與帶領心靈禪修；13日在科羅拉多州舉行「佛教與日常生活」演講。

紐約回佛對談▼

· 4月8日，心道師父傳承陞座大典，由噶陀派傳承持有者莫札法王認證並委派毘盧仁波切主持。

師父與毘盧仁波切▼

· 5月6日~13日，心道師父受邀前往馬來西亞參訪，並拜訪「認識伊斯蘭教IKIM」機構副主席Tuan Haji、伊斯蘭教青年組織ABIM領導人 Ashi、馬來西亞文化協會總會長戴小華、宗教諮詢委員會等機構。11日參加於吉隆坡所舉辦的「回佛對談」，針對「回佛對談與新亞洲」議題進行分享。

· 5月15日，心道師父以宗博館創辦人與全球聖蹟保護委員會發起人身分，在香港記者會中宣布發起捐助重建阿富汗巴米揚大佛。

全球聖蹟保護-阿富汗大佛重建國際記者會▼

· 5月19日~26日，心道師父率團展開「北京、黃山、九華山朝聖之旅」。20日，應香港旭日集團主席楊釗居士邀請，到北京法源寺中國佛學院，以「新世紀的佛教」為題對學生開示。

· 6月12日~14日，心道師父以宗博館創辦人身分受邀參加在泰國曼谷召開的「世界宗教領袖會議」，並發表演說。

· 7月30日，心道師父出席印尼雅加達「回佛對談」，針對「『靈性』與『宗教』重返世俗化的世界」等議題進行分享。

印尼回佛對談▼

· 9月8日~19日，心道師父以「愛與和平地球家」（GFLP）創辦人身分，受邀參加於聯合國總部召開的第五十五屆NGO（非政府組織）年會。14日應美國佛羅里達州弟子們的盛情邀約，和當地信徒、僑民以及外國友人進行餐敘，發表「生死與修行」演說。

2003

· 1月14日~21日，心道師父受邀前往南印度班格羅，參加「生活的藝術基金會」總部禪修中心落成典禮及「靈性復興與人類價值觀」國際會議及相關活動。

· 5月5日~7日，心道師父前往法國巴黎參加「回佛對談」，探討「全球倫理與善治」。

· 6月19日，心道師父率團至泰國參加「成功佛」鑄佛大典，與泰國僧王共同主持頂髻鎔金儀式。

師父與僧王秘書（上）、信眾（下）合照▼

· 7月27日~8月2日，心道師父應邀參與泰國清邁西北大學舉辦之「宗教與全球化」國際學術研討會，並以「愛、和平、地球家的未來：展望一個靈性全球化的時代」為題發表演說。

· 9月4日~10日，心道師父率領徒眾赴美國弘法。5日，心道師父以「愛與和平地球家」（GFLP）創辦人身分，受邀參加於聯合國總部召開的第五十六屆NGO（非政府組織）年會，並發表演說，主題為「宗教對談對和平的貢獻」。

‧9月30日~10月2日，泰國僧王九十華誕，心道師父受邀前往泰國祝壽，並前往朱拉隆功佛教大學演講。

‧12月7日~10日，心道師父以宗博館創辦人身分，受邀參加美國與印度民間宗教組織於印度德里舉辦的「邁向和諧與和平文化之國際高峰會」，於會中發表「和平：傾聽與理解的地球家」。

‧12月14日~17日，心道師父受邀前往西班牙塞維亞（Sevilie），參加由以利亞宗教交流協會（Elijah Interfaith Academy）舉辦的「第一屆以利亞宗教領袖會議」。會中發表「永恆與大愛」，並出席「從敵意到善意」宗教研究所籌備會議。

師父和與會貴賓合照▼

2004

‧2月20日~24日，印度教大師賽德斯‧巴巴（Sides Baba）來臺拜訪心道師父。

‧2月24日~29日，心道師父受邀前往美國麻省理工學院、耶魯大學等名校發表演講並帶領禪修。26日於美國麻省理工學院以「禪與生活」為題發表演說。

‧4月14日，心道師父以「聖者」身分受邀前往印度聖城烏堅（Ujjain），參與印度最重要的節慶─「大壺節」（Maha Qumbha Mela），並出席「洗足」聖禮。

和平桿宣讀和平宣言▼

‧4月25日~27日，心道師父受邀參加在伊朗德黑蘭舉行的「伊朗德黑蘭國際學術研討會」，並發表「宗教對話：如何看待不同宗教者」演說。

· 7月4日~14日，參加西班牙巴塞隆納「第四屆世界宗教會議」。11日在會中針對「宗教的教法與平衡」進行心得交流，並與孔漢思就「推動和平的挑戰」主題進行對談。

第四屆世界宗教會議▼

· 8月27日~9月4日，靈鷲山佛教基金會與中國社會科學院世界宗教研究所，於北京合辦「全球化進程中的宗教文化與宗教研究」海峽兩岸學術研討會。心道師父除致開幕詞外，並發表「覺醒的力量：華嚴世界觀與全球化展望」論文。

北京海峽兩岸學術研討會▼

· 10月15日、16日，世界宗教博物館發展基金會與溫哥華卑詩大學（University of British Columbia）共同舉辦「佛教聖地的形成與轉化」國際宗教學術研討會。心道師父發表「一份『傳神』的志業：聖地精神的再現與活化」演說。

· 11月6日~12日，世界宗教博物館、靈鷲山佛教基金會與高登合作與和平協會（Goldin Institute for Partnership and Peace）共同於臺北主辦「2004年夥伴城市國際會議─『靈性與生態永續：水─我們共同的根源』」宗教論壇。6日，心道師父以「全球倫理與世界和平─宗教的當前任務」為題演說；7日就「全球水危機下的宗教」發表演說。

夥伴城市國際會議▼

· 12月31日，心道師父透過「斷食之愛─平安禪」全臺同步視訊，對南亞災情勸募。

2005

· 4月11日，印度靈修大師Swami Sooryapaada（Chaya Pathi）來山參訪，特邀心道師父次年前往印度參加聖典。

· 5月25日~30日，心道師父泰國弘法行，於泰國曼谷講堂主持「舍利心海華嚴法會」。27日，心道師父於泰國坤敬大學商學院（Khon Kaen University）以「臺灣佛教與原始佛教的異同」為題發表演說。

· 6月25日，心道師父獲頒斯里蘭卡國家最高佛教榮譽「修行弘法貢獻卓越獎」殊榮，由斯里蘭卡總理摩新達（Mahinda）頒贈。

· 8月6日，心道師父榮獲印度推動宗教交流的伊斯蘭教組織「宗教交流和諧基金會」（Inter Faith Harmony Foundation）頒贈「穆提拉尼赫魯和平・包容・和諧獎」。

· 9月7日~15日，心道師父受中國北京大學之邀赴北京訪問，並發表「從本地風光到華嚴世界—談靈鷲山教團文化理念與國際發展」演講。

· 11月3日~11日，心道師父以宗博館創辦人身分，應邀前往瑞士參加國際會議。6日，參加於北非摩洛哥舉辦的「回佛對談」。

· 11月28日~12月1日，「第二屆以利亞宗教領袖會議」由世界宗教博物館、以利亞宗教交流協會與愛與和平地球家，於靈鷲山無生道場共同舉辦。28日，心道師父以「神聖的危機」為主題發表演說。

第二屆以利亞世界宗教領袖會議▼

· 12月11日~13日，心道師父應邀赴西班牙畢爾包，參加由聯合國教科文組織分支機構—國際天主教運動協會舉辦的「面對一個渴望和平的世界的新挑戰」國際宗教會議，並發表演說。

2006

· 3月13日，心道師父榮獲緬甸頒贈國家榮譽一級獎章「國家最高榮譽弘揚佛法貢獻卓越獎」。

師父獲頒緬甸「弘揚佛法貢獻卓越獎」▼

2007

· 2月4日，藏傳佛教寧瑪噶陀傳承持有者十九世莫札法王來山參訪，並為甫出關的心道師父舉行淨剃儀式。

· 2月11日，不丹國師貝斯林仁波切五世來山參訪，致贈普巴金剛伏藏的天鐵所製的普巴杵予心道師父。

· 2月11日，土耳其伊斯蘭教蘇菲教派宗教交流中心負責人艾維其，與土耳其Cihan News通訊社特派員來山訪問心道師父。

· 2月17日，日本新宗教白光真宏會來臺，於靈鷲山無生道場樹立全臺首支「和平柱」，肯定心道師父致力世界和平的努力。

· 4月25日，心道師父應Make A Difference基金會之邀與耶魯大學學生、教職員座談，分享「愛與和平地球家」的理念。

· 6月6日，蒙古共和國前內政部副部長蘇赫巴特來山參訪，並皈依心道師父。

· 6月22日~29日，心道師父以佛教禪修大師身分受邀赴德國慕尼黑，參加由Ernst Freibergerr基金會舉辦的「靜坐與啓發」（Meditation & Motivation）小型研討會。

· 9月18日~20日，心道師父前往美國展開和平交流之旅。19日於德州達拉斯南方衛理公會大學（SMU）發表「禪修與和平」演講；20日，在「尋找全球社會的共同價值（Seeking Shared Values in a Global Society）」座談會上，以宗博館的實踐經驗為例，分享宗教、精神和文化價值。

・9月21日~25日，心道師父前往墨西哥蒙特雷參加「2007世界文化論壇」（Universal Forum of Cultures Monterrey 2007）。會中以世界宗教博物館為主題進行專題介紹。

2007世界文化論壇▼

・10月16日、17日，心道師父受北京大學管理學院之邀，發表「寂靜管理－『管理』從心開始」、「喜歡生命－從喜歡生命到創造美好生命」演講。

寂靜管理－『管理』從心開始▼

・10月23日，心道師父率領港澳臺三地弟子，前往深圳弘法寺拜會臨濟宗第四十四代大長老－本煥長老。本煥長老囑咐臨濟法脈予心道師父，為臨濟正宗第四十五世別傳堂上第二代傳人，號常妙心道禪人。

・10月26日~29日，心道師父率徒眾前往泰國朝聖、弘法。29日於泰國僧王寺與泰國第一副僧王梵摩尼僧長（Phra Phommunee）共同主持「臥佛頂髻鎔鑄聖典」。

泰國朝聖、弘法行▼

・11月24日~12月2日，心道師父應邀赴印度阿木里查（Amritsar）參加「第三屆以利亞國際宗教領袖會議」（Elijah Board of World Religious Leaders），並以「共創愛與和平地球家」為題發表開幕致詞。

・12月27日，靈鷲山教團於聖山寺金佛園區啓建「開啓和平盛世－靈鷲山金

佛園區祈福盛典」，邀請泰國第一副僧王梵摩尼僧長與心道師父共同主持。

2008

· 1月，心道師父發起「百萬大悲咒」，迴向中國受雪災侵襲的災民。

· 2月16日~18日，心道師父出席「吠陀哲學（吠檀多）及佛教－促進世界和平」國際會議，並發表「倫理與和平之路」演說。

· 2月28日~3月14日，心道師父起程前往緬甸、泰國、寮國等地展開弘法、朝聖行程。1日、2日，於「大雨耕心營」為「大雨托兒所」師資開示；9日於泰國僧王寺與泰僧王智護尊者共同主持「富貴金佛頂髻鎔鑄大典」。

鎔鑄大典▼

· 4月26日，於臺北市大安森林公園舉辦「全民寧靜運動」，由心道師父親自帶領群眾體驗平安禪，使寧靜的力量無遠弗屆地在世界串連。

全民寧靜運動▼

· 5月2日，緬甸颶風納吉斯重創緬甸，心道師父於8日親率弟子及中華搜救總隊隊員，於第一時間空運物資及善款進入災區，並指示愛與和平地球家（GFLP）與靈鷲山緬甸國際禪修中心成立「臺灣緬甸颶風賑災中心」，為當地災民進行急難救助。

緬甸國際禪修中心▼

· 5月12日，中國四川發生強震。靈鷲山教團集救援物資送往災區；14日，心道師父前往中國大陸了解四川震災災情，與當地宗教團體溝通未來災區重建工作。

震災說明會▼

· 5月17日~21日，心道師父率徒眾前往蒙古參加「當代佛教在蒙古未來的發展與挑戰」國際會議。19日，於國宴中與蒙古總統恩赫巴亞爾（Nambaryn Enkhbayar）會晤；20日，參加甘丹寺衛賽節慶典活動、參訪巴古拉仁波切的貝圖寺；21日，參加成吉思汗誕辰慶典，並赴蒙古國立大學以「教育與道德在社會發展中的角色」為題演講。

當代蒙古佛教大會▼

· 5月29日，心道師父應邀前往中國成都寶光寺，為四川震災三七日啟建的「祈福追薦賑災大法會」祝禱祈福，捐贈物資並赴災區實地關懷。

· 6月11日，心道師父出席「全球化與靈性傳統」國際會議，此為回佛對談系列首次在臺灣舉辦。心道師父於會中以「佛法與全球化一個佛教徒的全球化態度」為題發表演說。

師父致詞，左為政治大學吳思華校長▼

· 6月23日~27日，心道師父再赴緬甸關心颶風災區重建進度，在緬甸社會福利部部長Maung Maung Suie陪同下，搭乘專機前往重災區勘察重建事宜。

· 7月16日~18日，心道師父應世界
伊斯蘭聯盟（The Muslim World
League）邀請，赴西班牙馬德里
皇宮參加「各大宗教對話國際論
壇」（The World Conference on
Dialogue）會議。

· 8月15日、16日，擔任美國耶魯大學
課程管理的Alexandra M.Barton-
Sweeney為蒐集「宗教與全球化」課
程資料，訪問心道師父。

· 8月29日~9月6日，心道師父赴美弘
法。8月29日前往紐約聯合國總部，
拜會中東和平美國聯合會主席莎拉
瓦女士（Ms. Salwa Kader），以
及菲律賓駐聯合國使節團常駐大
使賀賴瑞（Hilario Gelbolingo
Davide Jr.）；9月3日、4日，愛與
和平地球家（GFLP）與菲律賓駐聯
合國使節團常駐大使賀賴瑞，在美
國紐約聯合國總部舉辦「邁向地球
家：回佛對談」國際會議。心道師
父發表開幕致詞，並針對「和平與
人權」、「貧窮與社會不平等」、
「生態療癒與地球權利」議題分享

心得；5日，心道師父拜會不丹駐聯
合國大使Lyonpo Daw Penjo。

紐約聯合國總部回佛對談▼

· 10月2日~4日，心道師父率朝聖團前
往泰國，迎請泰國僧王為祝賀心道師
父六十大壽所贈之「富貴金佛」回
臺。

· 10月4日，靈鷲山教團於臺北101大樓
舉辦「富貴金佛明燭點燈儀式」，邀
請總統馬英九先生、泰國第一副僧王
梵摩尼僧長等，與心道師父一同主持
點燈祈福儀式。

師父與梵摩尼僧長▼

- 10月5日，靈鷲山無生道場與泰國僧王寺結為友誼寺，泰國副僧王與心道師父於臺北101大樓富貴金佛前互贈禮物，作為見證。

- 10月17日~20日，心道師父展開香江弘法行。18日前往深圳弘法寺為本煥長老一百零二歲壽誕暨印順法師陞座大典祝賀；19日，靈鷲山香港佛學會於九龍舉行「緬甸重建募款餐會暨心道法師閉關修持聖物義賣會」，心道師父蒞臨出席。

- 10月25日，外交部非政府組織（NGO）國際事務委員會副主委吳建國來山參訪，並與心道師父會晤。

- 11月10日、11日，藏傳佛教竹巴噶舉傳承持有者第十二世嘉旺竹巴法王來山參訪、傳法，並與心道師父會晤。

- 12月9日~21日，心道師父展開緬甸弘法之行。9日，受邀參加緬甸佛教巴利文大學（National Sasan University）畢業典禮，並供養「學僧森林弘法基金」；11日參訪緬甸翁日亞米寺院，並致贈院內學童文具用品；12日，靈鷲山緬甸法成就寺禪修中心舉辦Thwe Say Kan戒壇重建捐贈儀式，由心道師父與緬甸尊者共同主持捐贈儀式；14日，參加緬甸納吉斯風災受創地區九所國小重建聯合典禮；21日，心道師父以雲南邊地孤雛子弟身分，受邀參加仰光緬甸雲南會館落成典禮並代表致詞，捐贈「普仁獎學金」獎助緬甸雲南貧窮子弟就學、升學。

臨時學校學生▼

師父頒贈學校模型圖▼

- 12月22日，心道師父參加於北京大學舉辦的「第三屆北京大學宗教對話—宗教對話與和諧世界」國際對話。心道師父於會中以實際經驗論述「宗教對話如何促進社會和諧」。

2009

· 2月17日，天帝教一行來山參訪，並與心道師父晤談，雙方分享宗教交流經驗。

· 3月21日，心道師父率徒眾拜會千佛山般若寺白雲長老，彼此交流弘法利生的志業與經驗。

· 3月28日~4月1日，心道師父應邀參加於蘇州與臺北兩地舉行的「第二屆世界佛教論壇」。29日，心道師父發表「當代佛教修學體系的實踐與展望」。

第二屆世界佛教論壇▼

· 4月2日，斯里蘭卡Sobhita長老、印度摩訶菩提國際禪修中心創辦人Sanghasena，以及世界宗教理事會（CPWR）創辦人之一的Gene Reeves等一行，於「第二屆世界佛教論壇」閉幕後來山參訪，並與心道師父會晤。

· 4月4日~15日，心道師父前往尼泊爾參訪、閉關行，期間前往錫欽毘盧林寺，拜會寧瑪噶陀傳承上師毘盧仁波切，並應邀參加竹巴噶舉傳承持有者第十二世竹巴法王阿彌陀佛寺院開光典禮。

· 4月28日，以色列駐臺代表甘若飛（Raphael Gamzou）及藝術家珂朵羅女士等一行人，來山與心道師父進行宗教與藝術交流。

· 5月9日，心道師父與2009年第十六屆十大傑出愛心媽媽獲總統馬英九先生接見，隨後參觀世界宗教博物館，心道師父親切歡迎所有來賓。

師父與愛心媽媽合影▼

- 5月9日、10日，國際扶輪3520地區青少年交換委員會，帶領來自全世界各國的交換學生，拜訪靈鷲山體驗佛教文化，心道師父教授禪修並對國際學子開示。

- 5月22日，泰國老虎洞高僧龍波讚念長老一行來山參訪，並與心道師父會晤對談。

- 6月19日~26日，心道師父展開馬來西亞暨緬甸弘法之行。23日，靈鷲山教團於緬甸仰光省滾良光地區Myo Thit村，舉行十六所學校聯合交接暨開學典禮；心道師父蒞臨主持，並於滾良光第一高中大禮堂開示。

學校開學暨剪綵儀式▼

- 7月3日，心道師父應邀赴瑞士蘇黎世拉薩爾靈性中心，參加「禪、卡巴拉及基督宗教的神秘主義」國際會議，並在會中發表「禪與卡巴拉會議——場對談：與心道法師相遇」演說。

- 7月7日，心道師父應邀訪問波蘭奧斯威茲集中營紀念館（Auschwitz Concentration Camp），並與博物館執行長Dr.Piotr. M.A. Cywinski、錫克教長老Bhai Sahib Dr. Mohinder Singh就「療癒創傷：和平與和好之路」議題進行座談。

- 7月9日~10日，心道師父前往英國伯明罕。參訪由緬甸僧人Dr.Rewata Dhamma創建的Buddhist Pagoda，並拜會Dr. Uttara Nyana。10日，應英國伯明罕世界宗教博物館籌委會邀請，分享籌建臺灣世界宗教博物館的心路歷程。心道師父更獲邀擔任伯明罕世界宗教博物館籌委會主席。

伯明罕市長和參與宗博會議者合影▼

- 7月21日，藏傳佛教竹巴噶舉傳承康祖仁波切一行來山拜會心道師父。

- 9月17日，心道師父發起持誦百萬遍《一切如來心秘密全身舍利寶篋印陀羅尼經》，回向消弭H1N1疫情。

· 10月20日，藏傳佛教寧瑪噶陀五黃金法臺傳承持有者之一的第五世格澤仁波切來山參訪，並與心道師父會晤。

· 11月2日，中國大陸「東南第一叢林」江蘇常州天寧寺住持松純法師來山參訪，並與心道師父會晤。

· 11月20日，中國佛教協會副會長釋本性法師，率福建省佛教教育訪臺交流團一行參訪靈鷲山無生道場，並拜會心道師父。

· 12月3日~9日，心道師父率靈鷲山代表團，出席於澳洲墨爾本國際會議中心召開的「第五屆世界宗教大會—世界大不同：聆聽彼此，療癒地球」。4日，靈鷲山教團於澳洲墨爾本「世界宗教大會」期間，舉辦「回佛對談」，心道師父以「在追求公義中締造和平」為題發表演說；7日，心道師父出席「東亞宗教的生態觀」研討會，並於會後接受英國BBC訪問，對於宗教與地球環保議題表達關切；9日，心道師父於「第五屆世界宗教大會」閉幕大會上，在「宗教及靈性團體在衝突及

調解中扮演的角色」系列座談會上做總結報告。

第五屆世界宗教大會▼

2010

· 1月11日，心道師父獲得緬甸國家最高榮譽一級獎章「傳授禪修卓越優秀獎」，是繼2006年師父獲頒「國家最高榮譽弘揚佛法貢獻卓越獎」之後，再次獲得緬甸國家最高獎章。

· 2月23日，靈鷲山於世界宗教博物館舉辦「迎春跨宗教祈福交流茶會」，心道師父與各宗教代表，以虔敬優美的宗教禱詞，為臺灣社會及世界人民祈禱。

迎春跨宗教祈福交流茶會▼

· 2月24日~3月3日，心道師父赴緬甸拜會各政府機關與佛教寺院，關心當地H1N1疫情。

· 4月26日~28日，心道師父啓程前往緬甸，接受緬甸政府頒發國家最高榮譽一級「傳授禪修卓越優秀獎（MahaKaMaTaNaSaYiY）」，期間並與宗教部長會晤。

心道師父獲頒獎章並與緬甸宗教部長會晤▼

· 6月8日~11日，心道師父一行抵達上海「世界博覽會」，加持祝福臺灣館。

· 6月12日，心道師父受邀出席南京棲霞山「釋迦牟尼佛頂骨舍利供奉大典」。心道師父表示，舍利重光的意義在啓發人心對佛法的起信，也是現代物質文明的良藥。

· 6月26日~7月3日，世界宗教博物館、愛與和平地球家（GFLP）以及大菩提基金會（Mahabodhi International Meditation Centre, MIMC）於印度拉達克共同舉辦「回佛對談」，心道

師父發表開幕致詞，並針對「我們在當今世界的任務與挑戰」議題發表心得。

· 8月18日，靈鷲山般若文教基金會舉辦「用愛啓發智慧、讓生命更加光彩」贈書記者會，心道師父代表基金會贈書予法務部各矯正機關，由曾勇夫部長、黃仁杼立委代表接受，以實際行動關懷全國各矯正機關收容人的心靈。

贈書記者會與法務部長合影▼

· 8月30日，中國大陸佛教代表團在中國國家宗教局徐遠杰司長，及中國佛教協會副會長增勤法師帶領下，參訪靈鷲山無生道場，並拜會心道師父，象徵兩岸佛教交流緊密。

· 9月6日~8日，心道師父帶領四眾弟子前往大陸普濟寺，參加迎請毗盧觀音儀式。

· 10月19日，心道師父長年致力於教導人類在差異的世界中和諧共存，獲選為美國理解寺（Temple of Understanding）「全球跨信仰遠見者（Interfaith Visionaries）」。

「全球跨信仰遠見者」獎牌▼

· 10月19日、20日，瑞士天主教耶穌會神父 Toni Kurmann SJ, Missionsprokurator 帶領宗教文化參訪團參訪靈鷲山無生道場，展開佛門體驗，並與心道師父對談交流。

· 11月29日，聖母聖心會華蒙省會會長林瑞德神父（FRANS），帶領於臺灣長期傳教服務的比利時與剛果籍神父參訪靈鷲山，並與心道師父展開宗教交流。

· 12月18日，外交部非政府組織（NGO）副主委吳榮泉來山，與心道師父暢談NGO組織發展情形，以及政府組織從事NGO組織人道救援經驗。

2011

· 1月20日，中國大陸寧波七塔禪寺方丈可祥法師，偕寧波市民族宗教事務局副局長顧衛衛、處長竺安康以及寧波市東區佛教協會副秘書長賈汝臻等參訪靈鷲山。

· 2月21日、22日，心道師父獲世界回教聯盟（Muslim World League）邀請，參與 「2011人類共同價值對話」研討會，並於會中以「宗教團體與人類衝突」為題發表演說。

臺北「2011人類共同價值對話」研討會▼

· 3月14日，心道師父率領僧俗弟子前往北京參訪交流，期間拜會中國國家宗教局副局長齊曉飛及中國佛教協會會長傳印長老等人。

· 4月7日，心道師父受德國慕尼黑大學宗教系主任Michael Von Brck邀請，於德國寧芬堡（Nymphenburg）演講「中國的禪宗與社會責任」。

慕尼黑演講▼

· 4月16日、17日，靈鷲山無生道場舉辦「國際交換學生宗教體驗營」，心道師父出席鼓勵大眾「一起創造更和平、更可愛、更快樂的地球」。

· 5月17日~21日，心道師父帶領四眾弟子前往中國浙江省普陀山觀音道場—普濟寺，參與「重鑄毗盧觀音開光聖典」，並主持「觀音禪法」傳法。

· 5月29日，靈鷲山佛教教團於聖山寺金佛園區舉辦「普陀山毗盧觀音奉安聖典暨靈鷲山開山二十八周年慶」等系列活動，由心道師父與普濟寺方丈道慈法師共同主持，並簽署觀音文化交流備忘錄。

福隆遊行祈福活動▼

· 7月6日，心道師父於世界宗教博物館舉行《聞盡─呼喚心內的觀音》新書發表簽名會，心道師父於會中期許大家以寧靜與觀音菩薩連線，展現個人的生命智慧。

· 8月6日，心道師父於「靈鷲山水陸空大法會」舉辦簽書會。

水陸簽書會▼

· 8月19日~26日，心道師父率徒眾於
中國大陸江西百丈禪寺啓建「水陸法
會」。20日，前往雲居山參訪由虛雲
老和尚所復興的真如禪寺。

江西百丈禪寺合影▼

· 9月12日~21日，心道師父雲南朝聖弘
法行。13~14日，受中國佛教協會副
會長刀述仁之邀，參與「忠魂歸國」
活動；16~17日，參訪雲南雞足山；
19日，至雲南西雙版那茶山，並為茶
山的神靈修持煙供。

承擔與挑戰篇

Responsibilities and Challenges

千言萬語,感恩、懺悔、期許的心情,都轉化為寧靜的祈願,祈願世界宗教博物館能有更遠大的實際貢獻,能有更廣大的支持者,持續實現屬於她的真、她的善、她的美。

我心和諧明亮

釋了意 | 世界宗教博物館發展基金會執行長

　　從開館一路走來已是十年歲月,回首思量,宗博館就如同自己孕育的小孩,實在不知如何形容自己內心的那份難以描繪的特殊感觸。

　　回憶起籌備階段,可說是築夢的日子。剛出家又初涉世事,有著初生之犢不畏虎的勇氣,而憑著菩提心與願力,加上師父的信賴,一股腦兒就鑽進去所謂專業博物館籌建領域。本著師父的期許,我們凡事都要求第一:

展示內容要第一,展示設計要第一,施工品質要第一,總的來說,就是要貫徹這份第一的精神,我信心滿滿地告訴自己:「我已發菩提心,我所做是為利益眾生,相信無私的緣起,必是菩薩所行,必能圓成佛道。」

　　當年建館的緣起,首先,是由於臺灣的社會經濟繁榮,文化發展頗為精緻,而青年學子對信仰的投入也十分踴躍。但是,有許多知識青年卻因信

仰的偏差導致精神錯亂，使他們的父母憂心上山就教師父。由此因緣而萌生建一座可以理性選擇信仰的「跨宗教」博物館。

其次，由於資訊文明的發展，二十多年前師父就預知到未來的網路世界將會讓資訊過度膨脹，一方面造成精神的壓迫，另一方面造成人性的冷漠，因此，希望以科技資訊形貌呈現正面的宗教資訊。

再者，宗教與宗教之間的對話與合作，將是未來人類和平的重要關鍵，宗博館是對話的理想平台，透過宗博館這一個超然的載體，來傳達尊重、包容、博愛的理念，為全人類的和平作最大的努力。

開館後這十年當中，很幸運地，在漢館長以及江館長的盡心經營下，宗博館逐漸站穩腳步，也得到臺灣社會許多的肯定。漢館長就任後，在展示經費極度短缺的過程當中，憑著獨到的眼光，選擇以生命教育課題為推廣重點，並且創造了許多具有特色的展覽，例如：「宗教建築展」、「一幅畫的故事」。爾後，江館長也以他的專業視角，開拓出不同宗教與民間信仰交流的系列活動特展。

在基金會的發展上，一開始，師父認為：博物館如果是一列承載宗教理念的列車，需要有火車頭來帶動，那就應該再蓋一座宗教和平大學，以之作為源源不斷的內容來研發。但是，由於現實中則必須考量資金等問題，因此，現階段以宗教交流與國際事務的拓展為主要工作，而將籌建宗教和平大學的理想視為之後的努力方向。

在這十年之中，基金會在國際間所參與的會議以及活動主要是以宗教對話與宗教交流為主，進而擴展到各項非政府組織的參與，尤其全球災難救援的部分，與其他宗教團體最大不同的特質是：呼籲宗教合作，讓宗教彼此因為愛而一起拯救眾生的苦難。

另外，在宗教對話會議的主辦中，最具特色與成果的是回佛對話的舉辦，開館至今已經舉辦超過十場的回

佛對話，主要的目的來自於開館那年正是美國九一一事件發生的同一年。基於宗博館創館理念：「愛是我們共同的真理，和平是我們永恆的渴望」，基金會之所以舉辦回佛對話系列的目的，就是讓宗教共同的愛能夠落實在彼此的信仰之中，讓愛的聲音轉換人們恐懼的陰影，和平的到來是因為沒有戰爭，沒有戰爭是來自於對立的消弭，對立的消弭需要相互理解與尊重，所以我們建立平等對話平台，化解衝突發生的可能性，使不同宗教文化之間有更為理想的相互理解與接納。

十年走來，忙碌中有愛、有成長的學習與開展的喜悅，然而喜悅的同時隱含著一絲悠悠的愁：作為一個出家人，秉承師命與隨喜菩薩道因緣，在我心中只是平凡的接受一個執事工作叫做——「蓋博物館」，當時是一個分工的概念，以為我只是教團的其中一個生產部門，還有業務部門、管理部門等等，在實踐的過程中所面臨的種種考驗，讓我更體會到部門間整合、支援和信任的重要，也更意識到

宗博基金會應該盡速建立起自身的營運機制，因此更由衷的期盼宗博館的自行營運能夠更加美好。當然，在這個資本主義的社會裡，對於任何一個博物館而言，都是一個重大的課題，這牽涉到博物館的實際營運費用，以及文物保存所需要的高規格設備的保養經費問題，還有就是原本支持者本身的信仰定位問題。

而宗博館之所以能夠建立起來，一大部分得力於靈鷲山佛教信徒的支持，他們是真正的菩薩道行者，使得大家更真切體會到尊重、包容、博愛的理念，並且能夠幫助實踐者圓滿自身的宗教信仰。祈願未來有更多的人能夠瞭解宗博的真正價值，出現更多具廣大遠見的護持者，讓宗博館最初十萬建館支持者的願力得以繼續傳承與光大，讓尊重、包容、博愛的目標：愛與和平地球家的理想能夠圓滿實現。

千言萬語，感恩、懺悔、期許的心情，都轉化為寧靜的祈願，祈願世界宗教博物館能有更遠大的實際貢獻，

能有更廣大的支持者，持續實現屬於
她的真、她的善、她的美。僅以簡短
的心語陳述此時此境，以奉塵剎：

我心和諧明亮

『世界宗教博物館』
籌備十年是宗教奉獻之善，
開館十年是生命教育之美，
國際十年是和平對話之真。

館體如「果實」，盛名如「花朵」，
而每個人的愛，
卻謙虛如「枝葉」般，護蔭著芸芸眾生的渴望。

無私的奉獻，
默默地引領著喧囂的生命以及虛浮的識影，
走向寧靜，
走向光明，
回到存在的本來，
和諧 滿足 無限……

我思考良久，決定與政府在推動卻迄無成效的生命教育連結在一起，把世界宗教博物館的社會使命，確定為生命教育……

我與宗博：心路歷程簡述

漢寶德 ｜ 世界宗教博物館榮譽（首任）館長

　　轉眼間，宗博開館已經十年了。對於博物館來說，十年可以說是成年了；已經建立了獨特的風格與社會的認同，是值得我們慶幸的。回視這一段成長的過程，是艱辛的，也是充滿了興奮的，值得我們珍惜的記憶。

　　我真的不知道心道法師怎麼會想到要建一座博物館。第一次聽到這個消息，是我擔任國立自然科學博物館館長的後期。有人傳消息給我，靈鷲山要規劃一座宗教博物館，希望我參與。我聽到後沒當一回事，以為只是想想而已，不會認真。一般說來，佛教團體得到信眾支援，首先想到的是蓋廟。如果有意幫助俗世發展，就會設立學校或醫院。這些都可以得到大眾的支持，讚揚，並且可以財務獨立。如果是博物館，其大眾性就會引起若干疑問，而且創辦者必須長期資助其經營，因為世上沒有博物館是可以收支平衡的。

可是我驚異的發現，這座博物館的籌備已經展開了。有些博物館界的才俊已積極參與，科博館的秦副館長也應邀參加。我很高興而又好奇的等待這個館的誕生。不久後，我奉教育部之命離開科博館，到臺南去籌劃一所藝術學院，奔波忙碌，就把這件事淡忘了。幾年後，南藝的籌備草成，我擔任校長，仍然南北奔波，但常在臺北的辦事處上班，處理公務。有一位在科博館擔任過秘書的同事，林明美女士，在宗教博物館參與籌備工作，介紹靈鷲山法師們與我相識，並蒙心道法師屈駕到我的辦公室，說明他的理念，提出希望我去領導籌備工作。我深受感動。但是因為南藝初步建設尚未完成，我參加開過兩次會就婉謝了。

經過這次接觸我知道了以下幾個事實：

一、心道法師設館有崇高的理念，以壯闊的胸懷向大眾介紹世界各宗教的共同精神。這不是一般的宗教文物博物館，展示的內容與形式頗費思量。

二、由於贊助者提供的館舍，在商業大樓的六、七層，這座博物館並沒有建築形象為標誌，將有辨識的困難。而且有觀眾進出不便的問題。

三、心道法師有國際觀，對該館的期望甚高，希望可達到國際標準，所以邀約在科博館有所表現的外國展示設計公司，在外國顧問的指導下進行。但有與國內民眾脫節的可能。

四、宗教團體缺乏世俗的法治觀念，優點為向心力強，法師們意志集中，但在實務上憑感覺領導，不易形成靈活運用的工作團隊。

我主動提出幫忙研究改善建築物意象與進出口的問題，並提出了方案，但因不被捐贈建物者接受，就完全退出了籌備工作。後來我陸續聽說籌備處有段時間曾聘請一位美國博物館長擔任主任的工作，靈鷲山也另選用了RAA的方案。很高興看到這座博物館終於即將落成，對外開放。

民國九十一年初，我已自校長任上退休，但仍在南藝博物館學研究所的在職班任教，聽說宗博已開幕，就帶

領學生去參觀，發現已完成的展示水準非常高，但可能與觀眾間有溝通的困難。這時候，宗博的館長職位仍屬懸缺，聽說我已自學校退休，就邀我擔任館長。我遂答應一試，把推動美育的計畫放在一邊。

我接手的嶄新的宗博，是執行長了意法師帶領的團隊，通過RAA的專業表達出來，成就超乎我的想像。幾年前我看過英國設計師的規劃案，雖比較有動態，但缺少宗教博物館應有的融容大度。不論在動線上，空間的配置上，RAA的設計頗能掌握中國傳統文化中的層次感與主軸精神。所以在展示的架構上是令人滿意的。

但一座博物館不能靠硬體營運。我知道心道法師要我擔任首位館長的目的，是彌補新創的缺漏，建立營運的體制。所以我到任的第一件事是建立館長的權威。這是經營效率的源頭，政出多門是做不成事的。博物館是靈鷲山的附屬組織，但必須有獨立自主權。法師們不可以隨時指揮博物館人員，影響他們的正常工作。為了集中精力於宗博，我辭掉了當代藝術館的董事長職務。

在彌補缺漏方面，我到任幾天，很快就了解，一個美好的展示架構，卻顯得有些空洞。一方面，有應完而未完的，如球形劇場中的軟體。另方面，也有原本設計就是空洞的，如介紹世界重要宗教的大廳。

球形的「華嚴世界」原有的軟體計劃是互動式的節目。他們初步的嘗試完全是理論性的，對觀眾無法形成吸引力，或心靈的感動。我與他們談過，知道本事有限，決定與他們解約，以便利用球形銀幕的優點，做成一個具有吸引力的短片。即使因預算不足，節目不夠動人，後日還可以找機會改善。

世界宗教大廳利用蜻蜓點水式的展示，向觀眾介紹各宗教的要義，對觀眾不但沒有吸引力，而且不容易留下具體印象。我思索良久決定利用大廳中央的空間，增加世界宗教建築模型的展示。建築是具體的象徵，只有把

不同的宗教建築集中在一起，才能引起觀眾的興趣。

在建立營運體系方面。我到任後，即知觀眾不可能如法師們的預期，館員人數過多，不是長期經營之道。就把編制縮小，分為展藏、教推兩組，行政上以總務組總括之，並把原處於基金會的館長室遷到館員區，重新分劃辦公室，與大家工作在一起，生活在一起。

為了博物館的營運，及貫徹立館的精神，統一工作步調，我們必須把觀眾放在心中，打出營運的宗旨與目標，作為號召。心道法師的建館宗旨是「愛與和平」，但是大家無法了解與體會把各種宗教放在一個館裡的意義。我思考良久，決定與政府在推動卻迄無成效的生命教育連結在一起，把世界宗教博物館的社會使命，確定為生命教育。有了這個使命，我們就有了努力的方向，而且也可以提出具體的工作方案。

宗博的立意過高，展示內容抽象，品味高超，是典型的上層社會的小眾博物館。但今天的博物館以服務社會為主要任務，不放下身段是不成的。我訂定生命教育的使命，用意在與學校合作，希望中、小學的師生可以來此吸收生命的精義。我知道，這並不容易，因為展示的設計沒有把孩子放在心裡。可是如何保持高格調而又能推動教育的效果呢？我決定為孩子們增加一個生命教育展。那就是經多次商討，後來推出的「愛的森林」展。就我所知，這個展示到今天仍然是較受歡迎的角落。

在我擔任宗博館長的最後幾年，一直想促使宗博建館時數十萬支持者成為宗博的基本觀眾。為此，我聘寶祥法師為教推組主任，用專職人員向此方向推動，但效果十分有限。我發現宗博與信眾的關係是非常薄弱的。宗教信仰與宗教理念之間有很大的差距。宗博的觀眾就是社會大眾。

由於空間與經費的限制，我對宗博的進一步發展已無能為力，只是因為與同仁間的感情關係，才沒有選擇早日離開。但是我知道，目前的宗博

是具有國際象徵性的。現有的展示已具有近乎里程碑式的紀念價值。但要進一步的，認真的把宗博精神發揚光大，需要另外的空間與開辦時的經費，重新思考一座生命教育博物館應有的展示與收藏。我覺得這是值得期待的。

若干年後，如果可以把主展場改造，我會希望在心道法師所擬定的大原則下，看到世界各個宗教教我們如何做人、做事的道理。同時因為時代的進步，宗教的形式沒有改變，基本精神仍在，但民主化與人權化後的世界，各宗教如何適應，如何以合乎時代精神的觀念來教誨我們和平的共處之道，如何待人接物。我甚至覺得各種不同的宗教自省的儀式也應該展出，供不同信仰的人士參考，提升我們對生命的覺悟。

愛與和平宗教精神融於生活之中也許是宗博所應期許自己未來繼續努力的大方向吧！

漢寶德

世界宗教博物館面對的是一個嶄新的時代，因此在展示的手法上，我們透過劇場、多媒體、儀式性的空間等方式，來體現宗教的精神……

傳承與創新

江韶瑩 ｜ 世界宗教博物館現任館長

世界宗教博物館是於2001年11月9日正式開館營運，而在開館之前，則歷經了長達十年的籌備，在這段漫長的籌備期中，有幸與心道師父結緣並加入籌備行列，因此我能充分理解心道師父想要的博物館的呈現想法，雖然心道師父是一位佛教徒，帶領的是一個佛教教團，但心道師父卻是希望透過宗博館與世界、外在的潛在觀眾與信徒，能有一個平台作心靈的對話，打開佛教徒或佛教團體的胸襟，跨越單一宗教的限制，讓每一位普羅大眾能看到每個宗教的好。可以說，心道師父希望世人能跨越單一宗教，敞開心房看到更多元的宗教，認識到每一個宗教的真、善、美，瞭解每一個宗教的共同信仰—和平。而達成和平的關鍵，便是「愛」：愛自己、愛人類、愛所有的生命。而此即「尊重、包容、博愛」的意涵，也是宗博館的創館宗旨。

一般博物館都是以靜態的文物展示為主，但世界宗教博物館所追求的，並非單純展示文物的歷史、價值，而是表現文物在文化、藝術、儀式、經典、音樂等方面的宗教多元與多樣性。我們注重展示的主題、內涵、意義，而非刻板的歷史價值。以佛像展為例，一般博物館展示的僅止於佛像藝術，在佛的故事、生命、智慧方面並沒有多所著墨，如此一來，文物便可能只剩下單純的實體印象，更遑論能讓觀眾從文物中得到進一步的啟發與感動。

世界宗教博物館面對的是一個嶄新的時代，因此在展示的手法上，我們透過劇場、多媒體、儀式性的空間等方式，來體現宗教的精神。儀式性的空間是一種路徑，我們依照不同文物的背景，透過各種展示的方法，重建文物在宗教方面的脈絡與意義。

在劇場方面，分為傳統劇場及觀眾親身體驗兩類，前者如偶戲表演，後者則設立一個「靈修學習區」。而本館最大的特色，便是靈活運用各種多媒體來表達，如「華嚴世界」的球形投影，「世界宗教展示大廳」的垂直電視牆，都是博物館媒體科技運用上的一大突破。此外，館內的「生命之旅廳」，從初生、成長、中年、老年到死亡與死後世界，讓觀眾不僅透過文物、影像理解各大宗教生命禮儀，並進一步深思人可以為宗教做些甚麼。

世界宗教博物館2001年開館後不久，由漢寶德先生出任第一任館長(現為宗博館榮譽館長)，漢館長對於「世界宗教展示大廳」的空間規劃提出了新的看法，他認為博物館太過於靜態，指出既然宗博是一座體驗型的博物館，就必須豐富中間的媒介，遂提出「世界宗教聖地建築模型展」的展示計畫。

事實上，早在宗博館籌備之初，即已有針對各宗教聖地、儀式、建築等提出討論與規劃，原先的世界宗教展示大廳中央的寬闊空間本即規劃作為

宗教性儀式與小型宗教團體的聚會或活動空間，例如開館之初所曾舉辦過的宗教婚禮等。不過，在漢館長的世界宗教建築模型常設展開展後，原先的規劃也必須另謀發展，我在2008年9月接任宗博館館長一職後，即積極尋求補強方式，希望讓宗博館不僅僅作十大宗教的展示，包括原始宗教、古代宗教以及宗教儀式與活動也應有其展演與活動的空間。

當前，世界宗教博物館重視的是社區化、在地化、國際化，期盼將來每年能增加六千人的新客群。在社區化方面，我們在每週二特別規劃了永和居民免費參訪活動，並積極主辦社區法會、拜訪附近社區的機構、學校、商店，希望未來亦能和韓國街、泰國街、緬甸街的新住民交流，此為宗博館日後開發的對象，期盼在地居民能認同宗博館，讓宗博館亦能貼近在地民眾的生活。我們亦和博物館周邊的學校做緊密的合作，希望往後能擴展到新北市、北市，以至於全臺各級學校，期盼世界宗教博物館因此受到更多的矚目。

在在地化方面，以今年舉辦的「聖母 聖像 花毯」特展、「萬金天主堂」展覽為例，便成功吸引了許多本地的天主教徒前來參觀。為配合「萬金天主堂」展覽，我們在七樓增加展示區，介紹西方的道明會在臺灣的傳教貢獻。往後我們打算引進臺灣新興宗教的展覽，把視野帶回本地，希望藉由這種方式，讓本地的居民，認為我們是鄰居的博物館，讓宗教的展演活動更貼近生活，把對宗教的愛，所信仰的宗教，和生命經驗相結合。

另外，宗博館是集信眾善資捐助興建而成的博物館，但開館十年至今，當初捐助的十萬信眾回館參觀的比例並不高，如何讓信眾回流持續護持博物館，是宗博館要再突破的地方。為了提高信眾來館參觀意願與興趣，我採行的一些措施，如宗博館每一場研習活動，都保留5％的名額給護法會信眾、許多小型特展也安排赴靈鷲山各地講堂展出，也在每一次的榮董會議上不斷說明宗博館的使命與願景，凡此均希望讓信眾與宗博館的關係可以更緊密，也讓信眾了解宗博館。

而在國際化方面，本館今年與北京首都博物館合作交流，以佛教藝術為展示主題，而宗博館也會以特展模式登陸，展示的內容主要為臺灣特色、臺灣原住民文化，而這個展覽往後也可能在全球其他各地展出。國際化的價值在於日後龐大的媒體效應，希望能藉由國外媒體的報導，讓國內媒體、民眾反過來重新認識臺灣的世界宗教博物館。

除了館際交流外，我認為，在時間、空間與營運經費的限制下，常設展更動不易，要增加民眾來館率，惟有提高特展檔次，一年舉辦四檔特展是基本水準，而此一策略也已收初步成效，這二、三年來來館人次、甚至是臉書粉絲團等網路瀏覽人次均已有明顯增加。

特展經常性的舉辦，除了可以增加來館人次，更可以讓一些新興宗教、各地區民俗活動在小型特展中，讓國人得以理解、認識其他民族、地區、宗教，瞭解他們如何把他們的生命，把最珍貴的藝術獻給自己的信仰。

近年來，尤其在八八風災之後，社會大筆善款流入災區，而全球金融風暴襲捲，也讓社會上可預期的捐助消失不少，凡此種種社會經濟的轉變，當然也讓附屬在靈鷲山佛教教團下的宗博館，每年來自教團挹注的經營預算不僅沒有增加反而減少，這對於博物館的經營是一大考驗，我亟思財務解決之道。

面對這些困境，我不得不精簡人力，在人事政策下採行遇缺不補，但增加員工的福利，同時尋求政府補助，單單2010年就爭取到九百六十萬元的補助款，此對在彌補宗博財務缺口上不無小補。另外，博物館因為採行收取「門票」參觀的模式，而被視為營利事業單位，也因此必須繳付營利所得稅、增值稅等相關稅負，此對博物館的營運無疑雪上加霜，因此我設法將博物館營利與非營利的部分分開，以便節省稅賦，目前每年約可節省一百萬元的稅負負擔。

有關宗博館的門票政策，雖然宗博館每年背負龐大的營運開銷，或許有

人提出為何不採行免門票的措施，可以提高來館人次，也可以免去稅負負擔，但事實上，考量一旦採取免門票措施後，可以預見將帶來更為龐大的管理負擔，諸如文物安全管理、門禁安全管理、參觀安全等，免門票措施所可能承受的營運風險勢將遠高於付費參觀模式，因此，不僅現在，在可預見的未來，宗博館仍不可能採取免門票參觀政策。

今年適逢宗博館開館十週年，任何一個博物館的發展是長期性的，不可能在週年慶就頓時脫胎換骨，而是必須在博物館理念基礎下逐漸轉換，未來十年，宗博館仍將持續在社區化、在地化與國際化三大主軸下發展。

接任館長一職是一種責任，是一份我對師父的承諾，承諾使世界宗教博物館一本初衷，永遠推動愛與和平的理念。此外，我希望能藉由世界宗教博物館，把師父在雲端的觀點、期望，在未來的十年裡逐步的加強，介紹給更多的人們。目前世界宗教博物館已受到國際間的矚目，許多國家預計仿造宗博館的模式，建造一座屬於宗教的博物館，我想這無不說明了世界宗教博物館的成功與成就。

宗博館的展示與蒐藏

卓靜美 | 展示蒐藏組

▼ 珠玉之網

　　世界宗教博物館是由佛教團體與博物館專業團隊組成的營運體系，與一般博物館的發展有些不同；或者，可說是背負著使命感而誕生的組織機構，這樣的精神灌注在展示和典藏這兩種博物館基本功能中，影響不可謂不大，更是一種對於專業的挑戰。依據「國際博物館協會」(ICOM)對於博物館的定義：凡為服務社會及促進社會發展，從事蒐集、維護、研究、傳播、展覽與人類暨其生活環境有關之具體證物，且以研究、教育、提昇文化為目的而開放之非營利的法人機構

皆屬之。可知展覽空間的完成，並不代表展覽的整體，而是一種將規劃理念、營運維護、教育活動以及觀眾經驗聯繫在一起的「連結點」；從發揮博物館專業到開放給民眾，以服務社會，是一整體團隊合作的概念。「展示」與「蒐藏」這兩種功能在組織整理後，合為同一部門，這些年來，得以擔任「連結點」的角色，有些沉重但也感覺榮幸。

　　在進入正文前，先用名稱說明一個基礎概念。「世界」代表著對於人

類全體生命的關懷與全球視野；「宗教」是人類社會重要的經驗與精神價值；「博物館」則是社會教育與藝術美學的環節，分別落實在創館理念、內容研究與展示規劃設計三個向度後，讓「世界宗教博物館」有著一個極為明確的共識與氛圍：濃厚的人文精神。以「觀眾經驗」為考量，設計參觀旅程，營造情境氛圍，如同正在述說一段引人入勝的故事一般，期待觀眾因為求知欲和好奇心，主動進行探索，探索知識、真相，也探索自我；換言之，展覽常具有情感、教育與參與互動等相關特質。十年來，我們就一直延續著這樣讓展覽、展件說故事的方式，投入心力，傳達著愛與良善的力量種子，說來很是理想化，但一步一腳印，總能

▼ 朝聖步道

讓種子成長、累積。以下就約略敘述這幾年來，宗博館在展示與蒐藏這兩塊功能的改變與工作，稍作成果。

常設展區的改變

在正式對外營運之後，原有的展示設計進入考驗期。首任館長漢先生針對現有展區與機能進行部分改善，以符合實際營運情況與臺灣人的觀展型態，輔以教育推廣的策略運用，帶入不同層級的觀眾群，讓原本有些「高處不勝寒」的設計和內容，得以發揮功能，讓更多臺灣觀眾得以體驗宗博館感性深入的參觀旅程，如華嚴世界改以影片方式呈現、將售票處改在一樓門廳以及規劃世界宗教建築模型展區、兒童館等等。

▲ 世界宗教建築模型

宗教建築模型展區對於學生族群的推廣教育很有助益，也容易引起觀眾興趣與好奇心；兒童館的建置則是一項充滿創意的嘗試，出發點在於小朋友對「宗教」，在邏輯知識上或許無法理解，但有趣的是，卻能比大人們，更直觀純粹地感受許多宗教傳統

▼ 兒童館

的共同特質─愛，甚至無畏地展現與表達。通過小朋友的天真視野，我們

創造的動物「愛的奇幻獸」與場景「愛的森林」，已是全館最受歡迎的「參觀經驗」。兒童館不僅將觀眾層級從社會大眾、學生拓展到學齡前的兒童，也透過說故事活動與社區結合，更讓展示規劃的觸角，進入兒童展示的專業領域。

特展的舉辦

在一棟建築物內，要完善地闡述世界所有的宗教生活，是一項艱鉅的挑戰。由於許多其他的信仰和教派，在初期的展覽中無法一一呈現，除了計畫將來常設展的成長和變化，特展則是自開館以來，保持著活躍的策展狀態，以稍微補強。

宗博館這幾年舉辦的大小特展，約有三十餘檔，展示蒐藏組從腦力激

盪的主題研究開始,就進入籌備期,除設計施工工程委外,直到展覽結束,才算告一段落。特展以符合館方理念、介紹世界宗教文化、藝術為原則,題材多元且富含教育意義,例如2004年的「神氣佛現—山西泥菩薩展」、2005年的「趨吉辟邪—民間文物展」、2006的「爵鼎聰明—青銅器兒童教育展」、2007年的「聖誕圖—一幅畫的故事」、2009年的「慈悲・自在—遇見觀音」以及2010年的「祖靈的國度—原住民信仰文化」等。為了讓特展更加精采豐富,我們也持續與國內其他館設、收藏家合作,如近年來與以色列、墨西哥文化辦事處的合作,不僅帶來獨特的異國文化,也透過解構式的展示手法,娓娓道來歷史悠久的信仰傳統。以下列舉歷屆重要特展,作為參照:

- 2011墨西哥瓦曼特拉—聖母・聖像・花毯Huamantla's Flower and Sawdust Carpets
- 2010祖靈的國度—原住民信仰文化Spirit of Ancestors—the Religious Beliefs of Taiwan's Indigenous People
- 2009慈悲・自在—遇見觀音 Explore Avalokitesvara, from Chinese to Taiwanese Guanyin
- 2009墨西哥死亡節嘉年華 Mexican Day of the Dead Festival
- 2009和平之書—以色列藝術家珂朵羅女士畫展The Book of Inter-religious Peace Solo Exhibition by Dr. Dorit Kedar

- 2008寫藝人間—漢寶德書法展
  Chinese Calligraphy Exhibition by
  Han Pao-teh
- 2007聖誕圖——幅畫的故事
  A Painting A Story
- 2007財神到The coming of God
  of Wealth
- 2006雙和人—地方文史展
  ShuangHe People — Exhibition of
  Local Culture and History
- 2006爵鼎聰明—青銅器兒童教
  育展The Bronze

- 2005趨吉辟邪—民間文物展
  Pursuing Good Fortune: Taiwanese
  Folk Culture Artifacts
- 2004兩岸泥塑彩繪傳習計畫成
  果展Achievement Exhibition —
  Cross-Strait Clay-Painting
- 2004戀戀雙和—中和庄八景
  Love ShuangHe — Eight Scenes In
  ChungHo
- 2004神氣佛現—山西泥菩薩
  展Buddhist Sculptures of Shanxi
  Province
- 2003認識伊斯蘭—書法藝術展
  Getting to Know Islam:The Art of
  Calligraphy

蒐集 / 典藏

　　世界宗教博物館典藏政策的宗旨是
「基於尊重、包容與博愛的精神，以
保護宗教文化資產為目的，蒐集並典
藏相關宗教文物，進而推展博物館的
研究、展示、教育等功能。」而典藏
品的蒐藏範疇，依據歷史文化、藝術
價值、生活應用或教育價值等取向為
標準，配合展示主題進行徵集，尤其

在建館時期，蒐藏計劃以符合開館的需求為先，典藏品的蒐藏策略與研究方向，皆隨著展示規劃而進行。

多年來，宗博館的典藏政策與方向，一來徵集的人力物力籌措不易，二來是館方整體政策仍以展示為主導，希望吸引觀眾，增加客源，因此政策改變不大，但仍努力維護建置多年的標準庫房，並致力於典藏品的維護、登錄、修復等保存作業。宗博館目前館藏文物約四千餘件，近年也積極參與國科會數位典藏計畫，逐步將典藏品數位化，使其資料庫、詮釋、研究與管理更加多元運用，展現典藏品的特性與文化價值。

▼ 油燈 伊斯蘭教 玻璃 32.7 x 36.5 x 32.7 cm

▼ 綠度母 佛教 銅 12.8 x 19.4 x 10 cm

▼ 牧羊人朝拜聖嬰 基督宗教 布
171.5 x 208 x 208 cm

宗博館教育推廣的使命與責任

王惠娜 | 教育推廣組

▲ 導覽員利用教具進行活潑的導覽活動

　　「我們的生命教育可以強調幾個概念，愛是一個很基本的概念，還有其他各宗教都共同有的生命教育的基本價值；我們的生命教育不是從頭想，是先有宗教博物館的展示，後來才加上去的，所以兩者都要兼顧。」這是世界宗教博物館的榮譽館長漢寶德先生針對本館教育推廣所作的談話內容，猶如漢先生所提，本館的教育推廣是從展示出發，讓各年齡層的觀眾，可以深入淺出的理解本館的展示內容。「宗教」為本館的展示主軸，而在校園推動的生命教育的各項主題都與宗教息息相關，所以本館開館初期，教育推廣的主軸就定為「生命教育」這項重要的教學課題。

　　「生命教育」雖為教學的重要議題，當教師在新舊教科書的更動中，不知如何推展生命教育的情形下，本館的「生命之旅廳」成為最佳的情境式生命教育的教學場域，成為學

校團體體驗生命教育的延伸場所。2003年本館推出了「365天生命教育護照」，與學校簽約，讓校園的師生365天都可以進到館內學習及體驗生命教育的各個內涵。同時每日開放學校申請免費的教師研習活動，增進教師對本館的認識，同時協助教師認識生命教育的多元教學方法，補足在學校的生命教育所不足的部份。

當生命教育在校園還在摸索教學方法時，本館編輯《生命的花園》以及《生命的五個階段》兩本教學資源手冊，《生命的花園》整合了教科書的教學單元及本館的展示內容，讓教師在教學的同時可以清楚理解如何結合本館的展示內容。《生命的五個階段》則深入的介紹本館的生命之旅廳，從宗教的生命禮俗出發，認識各生命階段的意義與價值。同時本館也成立了「生命領航員」及「校園代表」的團隊，加入團隊的教師不只可以與本館的教育推廣人員深入討論學生來館學習的方式與內容，還可以持續取得有關生命教育的教學資源。

2005年本館成立了兒童館「愛的森林尋找奇幻獸」，讓生命教育正式走入學齡前的兒童，「愛」是很抽象的概念，在兒童館，本館應用了各種的互動裝置以及魔幻的森林情境，讓學齡前的兒童從感觀中學習生活中各式各樣的愛的形式，並且創造出代表愛的動物「米洛可」，讓學童從可愛的動物學習愛護的重要性。配合兒童館的成立，本館的生命教育教學資源也開始從小做起，「彩虹女巫說故事」活動就在這樣的理念中成立，陪伴小朋友度過週末下午，並且深入有趣的認識、學習繪本內的教育意義。

既然我們選擇的是各種宗教，那也可以從各種宗教來了解美感觀念，美感也是屬於生命的一部份，而且也是品性的一部份，所以生命教育如果能夠加強美感，可以使博物館的精神更加的昇華，同樣的文物擺在那，從愛的觀點、美的觀點來看，同樣的展覽會有不同的意義，所以我們的教育推廣是做不完的。 ──漢寶德

美感教育是本館推動的生命教育中另一個重要的項目之一，宗教文物與藝術本來就關係密切，自古以來，藝術是為宗教而存在，除了從宗教的知識與內容中學習生命的價值之外，讓觀眾學習如何欣賞宗教藝術、宗教建築、本館的展示空間與展示內容，進而把藝術帶進生活，也成為本館推展教育活動的重要理念。所以歷年來配合特展舉辦了「2008秋天行腳─宗教建築參訪活動」、「2009在地好神─臺灣觀音信仰教育活動」、「2010原創品味─原住民藝術工作坊」、「2011大Fun墨彩─墨西哥花毯創作活動」等，從藝術家工作坊、親子夏令營、參訪觀摩、主題講座等活動中，認識異國文化，欣賞異國藝術之美，同時把藝術帶進生活，體驗生活美學。

▼ 2008墨西哥嘉年華會，現場舉行熱鬧的抽獎活動

▼ HoHola有墨趣親子彩繪T-Shirt活動

在推動美感教育的同時，「新住民」也成為社會的重要話題，近年來，住在臺灣的外籍人口逐年增加，從幼稚園到高中校園、從社區到工作場合，我們無意或有意間都會接觸異國文化，並且在校園也開始強調「多元文化」教育與相關活動，但多元文化的互相尊重與包容要如何以有趣的教學方式傳達給學生呢？而本館的「尊重每一個信仰、包容每一個族群、博愛每一個生命」的創館理念，這時成為多元文化教育的核心價值。2009年本館推出「多元文化校園巡迴展」，從博物館的展示出發，製作各國成年禮的展板及教具，學校可以向本館免費申借到校展出，並且由本館的館員到校園進行教學示範，讓教師可以為每個學童進行展示與體驗式的教學。

本館的展示以及各類推廣與教學活動，如果沒有志工人力的投入，也只

能是紙上談兵，2005年本館正式成立志工團隊組織，透過嚴謹的召募、培訓及實務操作，讓每位參觀本館或參與本館教育活動的觀眾，都能得到最佳品質的服務，2011年，本館的志工人數已達一百九十二人，成為在新北市志工人力與組織最為完整的博物館志工團隊，並且在2009年獲得新北市文化局「志工優質團隊獎」，得到政府部門的肯定。

▼ 志工迎新活動，志工們開心秀才藝

回顧十年的教育工作，除了「生命教育」為主要推動的理念以外，這十年各界的參與與支持，讓本館的教育推廣發揮了最動人的力量，其中包括志工、教師、館員，以及更多默默的為本館的教育理念而努力的人員，過

去十年本館努力奠下生命教育基礎，而未來十年本館更努力讓生命教育的花果廣布各處。

▼ 「帶著米洛可遊印度」導覽活動

▼ 高中生參觀專案，介紹建築模型

我愛宗博

　　十週年慶的前夕，我以僕人及家人的心情，許下祈願：希望尚未到館與我們交流的朋友們，能來館接受我們的服務、瞭解我們、幫助我們、與我們合作；曾經幫助宗博館籌設的朋友們，希望您們回家來看看，繼續支持下一個十年，更國際化、在地化兼具的服務願景。這是僕人謙卑的心願。

范敏真 ｜ 秘書室

　　在工作期間，有許多回憶，有些成就感、也有些學習。今年宗博滿十歲了，感謝有宗博的陪伴，希望宗博在未來能更加安然、自在。

卓靜美 ｜ 展示蒐藏組

　　我從導覽員慢慢成長、學習，從生命教育的推動中讓自己也能活出更美好的生活，宗博對我來說不只是一份工作，這是一種使命，也是我的生命理念。

王惠娜 ｜ 教育推廣組

宗博館十多年來不斷在改變，在進化，開館已屆滿十年，我希望宗博館能保有它的單純，再吸收新的觀念及刺激，茁壯成為臺灣乃至全世界獨一無二的世界宗教博物館。

賴貞如 ｜ 人事資訊室

世界宗教博物館不僅僅是一座博物館，它融入了社區，與這塊土地緊密的連結。期許未來的十年，宗博更茁壯，世界更祥和。

張新森 ｜ 行政管理組

歷經開館淬鍊，感悟師父「靈性關係網絡的核心就是愛」，將賡續募款挹注「生命教育深耕專案」的運行，策劃研討會、產學合作研究案，奠定生命教育往前跨越一步的基石。

陳莉諭 ｜ 生命教育中心

希望將來有更多的民眾來博物館參觀，也祝福世界宗教博物館可以永續經營，向未來更多的十年邁進。

林柏宏 ｜ 人事資訊室

宗博館發揚「尊重、包容、博愛」的理念，落實生命服務與生命教育，是世界級的心靈殿堂。

周宜和 ｜ 行政管理組

在宗博館的人很有理想和熱情，更重要的是堅持和毅力，我以身為宗博館的一員為榮。　李秀美 ｜ 教育推廣組

我愛宗博，願宗博在接下來無數個十年中，能夠帶給更多人無限的感動。

蔡慧貞 ｜ 行政管理組

宗博之美

Beauty of the Museum of World Religions

愛與和平

宗博開館十年大事紀

整理 | 出版中心

　　世界宗教博物館從1991年歷經十年篳路藍縷的籌備期，在產官學研各領域專業人士與善資捐助宗博館的大眾護持下，世界宗教博物館順利於2001年11月9日落成開館營運。

　　如今，又過了十個年頭，這十年間，世界宗教博物館受到各方矚目，接待無數海內外貴賓以及各界機關、團體與個人，除了常設展外，並以特展的方式，展示多元的文化，例如「神氣佛現—山西泥菩薩展」、「趨吉辟邪—民間文物展」、「爵鼎聰明—青銅器兒童教育展」、「聖誕圖特展——幅畫的故事」、「慈悲自在—遇見觀音」、「祖靈的國度—原住民信仰文化特展」等展覽，無疑都是宗博館「尊重、包容、博愛」創館宗旨的具體表現。

　　此外，世界宗教博物館亦積極推動「生命教育」，除了定期舉行「彩虹女巫說故事」，舉辦教師研習活動外，更積極走進校園，推出「咪咪老師到學校」、校園巡迴展等活動，將教育的種子深植在每一位大朋友與小朋友的心田。

　　在未來的日子裡，世界宗教博物館也將繼續秉持創館時的理念，讓每一位到訪過博物館的人，都懷有一顆「尊重、包容、博愛」的心。

1991/10-2001/10

· 世界宗教博物館籌備期

2001/11/09

· 世界宗教博物館正式開館。邀請來自三十四個國家一百八十多位藝文界、宗教界、學術界人士共同參與揭幕儀式。開館系列活動之「全球聖蹟維護國際會議－宗教·博物館·世界和平」於圓山飯店展開。在「世界宗教和諧日祈福大會」中，全體與會人員在心道師父的帶領下，正式發表「世界宗教和諧日」宣言，並訂每年的11月9日為「世界宗教和諧日」。

開館系列活動▼

2001

十一月、十二月

· 宗教研究學者古根漢博士帶領學生參訪宗博館。

· 前總統陳水扁高堂陳李慎女士親赴宗博館參觀。

· 名作家柏楊及前文建會主委申學庸參訪宗博館。

· 越南科學技術聯合會訪問團參觀宗博館。

· 日本平成國際大學佐藤榮太郎理事長率團參觀宗博館。

· 資深媒體記者陸鏗來館參訪，並稱許宗博館「尊重、包容、博愛」的創館宗旨。

· 南華大學美學與藝術研究所陳國寧教授帶領學生參觀宗博館，並與館方人員進行交流。

· 舉辦「埃及與馬雅文化」教育講座，邀請波士頓美術館古代藝術部門研究員Joyce L. Haynes及波士頓大學考古學系準博士Eleanor J. Harrison 蒞臨演講。

· 推出「彩繪聖誕卡」、「基督宗教音樂講座」、「基督宗教的建築」、「和平e聖誕」活動。

2002

一月

· 泰國御封華宗大尊長仁德上師參訪世界宗教博物館及靈鷲山無生道場,與心道師父會晤。

· 宗博館舉辦首次讀書會,主題為「伊斯蘭教」。會中供應伊斯蘭教徒平日食用的小甜點、薄荷茶及伊斯蘭茶具展示等。

· 前菲律賓總理羅慕斯胞妹來訪。

· 泰國萬佛慈恩寺仁得上師參訪宗博館。

仁得上師來訪▼

· 順益原住民博物館館員來館進行館際交流。

· 美國在臺協會臺北辦事處文化新聞組組長柯玖蒂參訪宗博館。

· 復旦大學管理學院副院長芮明杰參訪宗博館。

· 舉辦「文化行腳」系列講座,邀請包括時為國立故宮博物院院長杜正勝、作家蔣勳、臺灣大學外文系教授張小虹、中國時報文化組主任李梅齡等蒞館演講。

作家蔣勳蒞臨演講▼

· 美國沙可樂美術館副館長狄慧參訪宗博館。

· 召開九十一年度榮董聯誼會。

· 宗博館執行長了意法師應邀至印度參加「透過信仰與無私的服務,達到世界和平」國際會議。了意法師針對「宗教─達到和平之路與跨宗教合作」、「靈性覺醒的需求」、「靈性與科技和諧共處」、「對人類無私的服務」等多項議題與與會人士交換意

見與心得，並代表心道師父簽署「和平宣言」。

了意法師和與會代表合照▼

二月

· 舉辦「博物館文化論壇」，邀博物館人一同擘畫博物館文化藍圖。

博物館學會理事長黃光男致詞▼

· 因應春節假期推出一系列以新年為主題的展演活動，包括以文字及圖片說明各宗教或國家的新年禮俗，並由演員演出「年獸」、「財神」、「印度羅摩大戰羅瓦那」等民間傳說。

· 推出「五十元看世界」，期間只要攜帶「中華民國職業小型車駕駛執照」，即可以五十元購票入場，並贈送「開車平安貼紙」。

· 泰國前國務院副院長及曼谷市長針隆·斯里曼居士(Major General Chamlong Srimuang)等造訪宗博館。

針隆·斯里曼居士來訪▼

· 舉辦猜燈謎活動。

· 世界宗教博物館「兒童探索區」正式開幕，本區特別針對三到九歲兒童，設計了宗教故事區、世界五大洲、時間走廊、故事區、祈禱室，並於平日舉行影片欣賞，週末舉辦手創DIY。

· 香港文化博物館總館長嚴瑞源來訪。

· 德國Staatliches博物館館長Claudius C.Muller來館參觀。

· 西康德格更慶寺堪布益西洛珠仁波切來館參訪。

三月

· 世界宗教博物館於美國哥倫比亞舉行
「回佛對談」。

· 世界宗教
博物館聘任
漢寶德先生
為第一任館
長。

· 藏傳佛教薩迦派薩迦法王應邀至世界
宗教博物館演講「宗教與人生」。

· 故宮博物院館員來館進行館際交流。

· 大陸宗教局局長葉小文來訪。

四月

· 舉辦「世紀宗教對談」系列講座，邀
請各領域專業人士進行對談。

· 華僧會會長淨心長老率領來自東南亞
各國五十餘位世界佛教僧伽會長老及
法師參訪宗博館。

· 舉辦第一期「導覽宗博種籽研習
營」。

漢寶德館長於研習營致詞▼

· 靈鷲山佛教教團於本館展示大廳舉辦
2002年護法會授證大會。

· 舉辦「瓦瑤村的媽祖情」影片欣賞暨
座談會，邀請許伯鑫導演主講。

· 臺北縣文化局率北縣博物館群成員參
觀博物館，並與館方舉行座談。

· 舉辦「想望花開的日子」影片欣賞暨
座談會，邀請許佐夫導演主講。

· 兒童探索區推出教育活動，舉辦「沙
漠裡最偉大的人—穆罕默德」影片欣
賞，與「小手動一動—臺灣避邪劍
獅」美術拼貼活動。

· 馬來西亞福報社長、總編輯來館參
訪。

· 臺灣美術館館員來館進行館際交流。

· 瑞典皇家學院院士暨諾貝爾文學獎評
審馬悅然、知名小提琴家胡乃元連袂
參觀博物館。

胡乃元 (左一)、馬悅然 (左二) 來訪▼

· 世界宗教青年聯盟以「生命教育」為主軸，舉辦系列課程、教育活動，包括「宗教與生命」紀錄片講座、宗教交流與體驗之旅、生命探索營、表演戲劇課程等，帶動年輕人探索生命的意義。

五月

· 中華民國無障礙基金會十大傑出愛心媽媽參觀宗博館。

· 響應「518國際博物館日」，宗博館開放民眾當日免費參觀，鼓勵民眾多多親近博物館。

· 參加美國博物館協會年會，與博物館界人士分享經驗，交換資訊。

· 新聞局派員至宗博館拍攝簡介影片。

六月

· 兒童探索區推出「百變金剛─面具研習與製作」教育活動。

· 宗博館心靈體驗區推出「心靈花園」系列課程。

課程照片▼

· 舉辦「化妝師」影片欣賞暨座談會，邀請賴豐奇導演主講。

· 世界宗教青年聯盟舉辦「青年大使美國參訪之旅」。

· 尼加拉瓜文化局長Napoleon H.Chow來訪。　　Napoleon H.Chow局長（左二）▼

‧國際花友會臺灣分會成員來館參觀。

‧聖母聖心傳教修女會在臺傳教士參觀本館。

傳教士對金色大廳地板迷宮圖騰充滿好奇▼

七月

‧緬甸法師U.Ariyavamsa來館參觀。

U.Ariyavamsa法師（右三）▼

‧廈門航空在臺員工參訪宗博館。

‧哈佛大學學生團體來訪。

八月

‧兒童探索區推出「小手動一動—藏傳佛教八吉祥」、「燈籠製作」教育活動。

‧舉辦兩梯次成人戲劇體驗課，由弄劇場演員及編導宋雲凱指導。

‧舉辦「生命體驗論壇」。

‧舉行「非營利組織(NPO)經營管理及財務規劃—以世界宗教為例」研討會，邀請各界菁英針對各項議題發表精闢見解。

‧查德共和國大使夫婦至宗博館參觀。

‧中央研究院許倬雲院士夫婦、洪健全教育文化基金會董事長簡靜惠來館參觀。

許倬雲院士（前排坐者）、簡靜惠（左一）▼

‧崇光女中教師來館參觀。

‧宗教和平協進會率團參訪宗博館。

· 永和工商婦女聯誼會、臺北萬華區婦女會來館參觀。

九月

· 中華民國教會合作協會參觀宗博館，並與館方人員座談、交換意見。

· 琉璃工房全省分店店長、行政人員來館參觀。

· 高雄觀音禪寺法師參觀宗博館。

· 響應交通部觀光局「2002國際觀光日」活動，27日免費開放民眾入館參觀。

十月

· 推出「秋季戲劇課程」。

· 舉辦「心靈花園－生活成長」系列課程，課程包括「做自己的生涯建築師」、「笑談生死－生命教育」、「完形表達藝術體驗團體」、「創造快樂的七大神秘力量」、「活出生命的色彩」等。

· 本館執行長釋了意參加日內瓦舉行之國際宗教女性領袖會議。

· 舉辦臺北縣中小學教師研習營。

· 兒童探索區推出「聽故事時間」教育活動。

十一月

· 世界宗教博物館舉行開館一周年慶系列慶祝活動，包括十年感恩回顧展、「世界宗教和諧日祈福大會暨館慶晚會」及《靈鷲山外山－心道法師傳》新書發表等。

心道師父於開館周年慶致詞▼

· 世界宗教青年聯盟舉行「全球思考、在地行動：打造青年理想家」臺灣青年高峰會。

· 推出「黃丁盛人間佛境攝影展」。

十二月

· 兒童探索區推出「小手動一動－高麗獅子狗（彩色黏土）」、「生命教育：再見了，可魯－導盲犬可魯的故事」教育活動。

2003

一月

- 北投文物館館長吳玲玲參訪宗博館。

- 前臺北市文化局長龍應台參觀宗博館。

- 北京市宗教參訪團拜會宗博基金會執行長了意法師。

北京市宗教參訪團來訪▼

- 本館規劃推出「電腦遊戲互動區」，藉由生動有趣的軟體內容，引發小朋友的學習興趣。

- 小刀樂團於春節期間假本館舉辦小型演唱會，增添過年熱鬧氣氛。

春節演唱會▼

- 新人選擇本館舉辦世紀宗教婚禮，接受各宗教領袖福證。

- 兒童探索區推出「小手動一動—伊斯蘭教，花草紋樣設計（工筆畫）」、「生命教育：小故事大啓發—我從那裡來？」教育活動。

二月

- 國際博物館協會韓國分會主席金秉模夫婦參訪宗博館。

- 得榮基金會執行長來訪，與本館就生命教育議題進行交流。

- 新加坡歷史博物館館員參觀本館，進行館際交流。

- 世界宗教青年聯盟舉辦第二屆世界宗教青年大使志工培訓營。

- 世界宗教青年聯盟成立2003兒童生命教育工作隊，提出兒童生命教育服務方案，並榮獲青輔會「2003GYSD全球青年服務日」績優團隊殊榮。

- 兒童探索區推出「小手動一動—伊斯蘭教，天房罩幕書法藝術（書法）」、「生命教育：體驗活動—這是我嗎？」教育活動。

三月

· 舉辦「認識伊斯蘭—伊斯蘭書法教育展」，介紹書法藝術在伊斯蘭文化的重要性，展示內容包括伊斯蘭書法的源起、風格類型、以及今日伊斯蘭書法在教徒生活上的聯結等。

馬孝棋教長親筆書寫「愛與和平」伊斯蘭字體▼

· 外交部歐洲司人員陪同立陶宛國會議員參訪宗博館。

· 永和、韓國、日本獅子會會員來館參觀。

· TVBS總裁邱復生參觀宗博館。

· 世界宗教青年聯盟舉辦和平電影賞析活動。

· 世界宗教青年聯盟開辦宗教文史工作課程，舉辦一系列宗教與生命藝術課程與座談。

· 推出「生命教育研習營」，開放學校辦理免費教師研習。

教師藉由研習了解本館所提供的教學資源▼

· 兒童探索區推出「小手動一動—埃及法老的帽子（摺紙）」、「生命教育：樹不見了？（影片欣賞）」教育活動。

四月

· 推動「365天生命教育護照」教育推廣專案，與學校簽約，一年內每位師生只要十元就可不限次數進館參觀。包括北市國語實小、北縣永平國小等多所學校加入該專案行列。

· 時為臺北縣文化局局長林柏祐來館參觀。

- 永和社區大學地方文史工作室成員到館參觀。

- 海洋生物博物館董事長李清波參觀宗博館。

- 臺北縣博物館群「好看一族」假本館舉辦館際交流活動。

- 查德大使館大使Hisseia-Brahim來館參觀。

Hisseia-Brahim大使（左一）▼

- 外交部歐洲司安排阿爾巴尼亞國會議員參觀宗博館。

- 世界宗教青年聯盟與交通部合作舉行福隆海陸祭活動，讓國人認識東北角特殊人文與自然景觀。

- 兒童探索區推出「小手動一動—土地公（紙黏土）」、「生命教育：祖先您好？（參觀活動）」教育活動。

- 世界宗教博物館推出「宗教主題導覽」，本月導覽宗教為猶太教、基督宗教、伊斯蘭教。

- 世界宗教博物館獲全國民眾票選為優質博物館。

五月

- 世界宗教博物館主辦2003年美國博物館協會（AAM）年會討論會(Panel)，主題為「宗教與博物館」。

- 時為永和市長洪一平率團參觀宗博館。

洪一平市長（中）▼

- 世界宗教青年聯盟舉辦「生命原型讀書會」系列座談會。

- 兒童探索區推出「小手動一動—八仙過海（皮影戲）」、「生命教育：我的動物朋友（參觀活動）」教育活動。

· 世界宗教博物館推出「宗教主題導覽」，本月導覽宗教為印度教、佛教、錫克教。

六月

· 中華民國博物館學會學員參觀宗博館。

· 臺北市生命教育小組委員參觀宗博館。

· 元智大學媒體廣宣小組假本館進行暑假實習。

· 大葉大學視覺傳達設計系學生與本館建教合作，舉行成果展覽。

視傳系成果展▼

· 兒童探索區推出「小手動一動—十二生肖（剪紙）」、「生命教育：我喜歡吃粽子（體驗活動）」教育活動。

· 世界宗教博物館推出「宗教主題導覽」，本月導覽宗教為道教、神道教、臺灣人的信仰。

七月

· 「虛擬聖境—世界宗教建築縮影」模型展19日開展，透過仿真之宗教建築模型，向國人介紹世界宗教之文明與精神。期間舉辦「神的國度—宗教文明與藝術的聖境之旅」系列講座、展覽徵圖比賽、網路票選及現場票選活動，並於暑假推出「小小建築物—做模型遊世界」兒童暑期宗教建築研習營，出版《虛擬聖境—世界宗教建築縮影》特展專刊。

「虛擬聖境—世界宗教建築縮影」開展活動▼

· 臺北市生命教育推動小組來館參觀，肯定本館在生命教育上的努力。

· 臺北縣中小學家長會會長率團參觀宗博館。

- 沈春池文教基金會副秘書長來館參觀。

- 哲蚌寺喇嘛參觀宗博館。

- 國立中央大學校長、華梵大學校長來館參觀。

- 創辦人心道師父參加泰國清邁帕雅大學宗教研究中心學術會議。

- 世界宗教青年聯盟舉辦大專青年佛門探索營。

- 兒童探索區推出「小手動一動—動物面具（紙黏土）」、「生命教育：我的老朋友（影片欣賞）」教育活動。

八月

- 泰國僧王寺住持探照昆（Tan Chow Khun）、秘書探帕昆（Tan Pra Kru）及探阿尼拉曼博士（Tan Dr. Ani La Marn）參訪宗博館。探阿尼拉曼博士讚許宗博館是一個證悟者對於佛法的具體實踐，稱揚宗博館創辦人心道師父是「所有佛教信徒的驕傲」。

- 「貓CAT」劇演員參觀宗博館，演員們一致認為宗博館平等呈現各個宗教，沒有偏見，讓人在精神層面上有很深的感受。

「貓CAT」劇演員▼

- 獲內政部頒發「民國九十一年度寺廟教會捐資興辦公益慈善及社會教化事業績優表揚」團體獎。

- 世界宗教博物館推出「宗教建築模型專家導覽」。

- 救國團主任李鍾桂率團參觀宗博館。

- 宗博館廣告車上路，兼負廣宣重任。

- 臺北市佛教護僧協會來館參訪。

- 時為宜蘭縣副縣長陳忠茂率縣府一級主管參觀宗博館。

- 順益博物館創辦人林清富來館參訪。

- 國立臺灣美術館副館長蕭銘祥率館員參觀宗博館。

· 袖珍博物館創辦人林文仁伉儷參觀宗博館。

· 時為臺北市文化局局長廖咸浩參觀宗博館。

· 時為中研院副院長曾志朗、作家柏陽來館參訪。

· 推出「與藝術有約」專案企劃，目的在培養國人學習珍惜生命與欣賞人生的態度，以美感提昇國人生活境界。專案對象為兩百人以上的參觀團體。

· 兒童探索區推出「小手動一動—達摩祖師（水墨畫）」、「生命教育：謝謝你（故事）」教育活動。

九月

· 世界宗教青年聯盟響應愛與和平地球家(GFLP) 舉辦全球性宗教對談。

· 時為考試院長姚嘉文參觀宗博館。

· 臺北縣文化局地方文化館博物館研習活動假本館舉行。

· 河洛歌仔戲團參觀宗博館。

· 南非姐妹市市長暨南非駐華代表處人員參觀宗博館。

南非市長（中）▼

· 外交部北美司美國學者團率團來館參訪。

· 故宮博物院志工團率團參觀宗博館。

· 世界宗教博物館志工隊成立。

志工於尾牙合影▼

· 兒童探索區推出「小手動一動—馬賽克鑲嵌壁畫（珍珠板拼黏）」、「生命教育：圓圓的月亮（體驗活動）」教育活動。

十月

- 推出《大乘百法明門論》成長課程，由釋了意法師主講。
- 東森基金會安排一百二十位原住民小朋友參觀宗博館。
- 天主教亞洲修女大會團員參訪。
- 中國佛教協會率團參訪宗博館。
- 色拉寺喇嘛來館參觀。
- 大陸社科院世界宗教研究所研究員來訪。
- 國際紅十字會參觀館區。
- 印度臺北協會代表顧凱傑夫婦來館參觀。
- 兒童探索區推出「小手動一動─諾亞方舟（立體創作）」、「生命教育：學習說再見（體驗活動）」教育活動。

十一月

- 世界宗教博物館舉辦《生命原型》悅讀會。
- 宗博館開幕二週年，舉辦館慶活動，免費開放民眾參觀。

- 舉辦「繁華舊夢中和庄：一六二六～一九五八年中永和的歷史記憶」展覽。展期至12月28日。

- 剛堅仁波切來館參觀。
- 登巴喇嘛來館參觀。
- 天主教普世博愛會亞洲區會長盧嘉勒女士參觀本館。
- 臺北市教師會理事會率團參觀宗博館。
- 永和市姐妹市韓國安城市副市長來館參觀。
- 日本博物館協會來館參訪。
- 大陸南京大學校長率團來館參觀。
- 世界宗教青年聯盟舉辦心經專題講座。
- 西班牙卡塔路尼亞日報副社長(Mr. Juan Miguel Dumall)應行政院邀請及安排來館參觀。

· 世界宗教博物館推出「生命魔法盒」生命教育學習單，以遊戲方式引導小朋友的學習興趣。

· 靈鷲山慈善事業基金會於世界宗教博物館特展區舉辦「小太陽生活成長營志工大會師暨成果彙編」。

十二月

· 故宮博物院暨中華民國旅行商業同業公會聯合會所屬旅行社來館參訪，並與宗博館企業聯盟進行交流。

· 兄弟象職棒全體球員與桃花園家族來館進行知性之旅。

· 《生命的五個階段》─生命教育教學手冊出版，本書從多元宗教及世界文化的角度，配合世界宗教博物館生命之旅廳文物介紹，帶老師、家長、學生進行一趟生命之旅。

· 《親親我的寶貝》、《小不點兒快長大》、《娜姐的婚禮》、《喬長老鷹爺爺的生日》、《再見了！我的好朋友！》五本「小小真愛」生命教育繪本出版。使孩子們藉由生動活潑的故事，隨著書中人物進行一趟生命之旅。

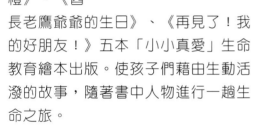

· 兒童探索區推出「小手動一動─聖誕老公公（拼貼）」、「生命教育：聖誕節快樂（小小圖書館）」教育活動。

2004

一月

· 舉辦「神氣活現─山西泥菩薩特展」，邀請山西匠師現場製作泥菩薩，製程全面公開，首創國內「生態式」展示方式。共分為三階段開展，1月15日至2月9日為「工藝交流期」。為配合本特展，館方推出「妙手生華─大家來捏佛手」教育活動、「兩岸泥塑彩繪傳習計畫」專題講座、「山西彩塑藝術國際學術研討會」以及「我是小小藝術家」兒童暑假夏令營等活動。

「神氣活現─山西泥菩薩特展」開展活動▼

· 前文建會主委陳郁秀、前教育部次長范巽綠參觀宗博館,並主持《生命的五個階段》、《小小真愛生命教育繪本系列叢書》新書發表會。

新書發表會舞台劇表演▼

· 「生命領航員聯誼會」成立,提供本館生命教育資源,並號召對生命教育有使命感教師加入推廣行列。

· 「宗博館館區多媒體導覽系統」於元月啓用,分別裝置於一樓門廳及七樓禮品店出口處。觀眾透過這套內容設計活潑、生動的導覽系統,將可在短時間內對本館展示有一個基本認識,同時讓接下來的參觀行程更為充實。

· 阿拉伯聯合大公國美術館館長馬日隆參訪宗博館。

· 宏都拉斯大使館大使參訪宗博館。

· 時為臺灣省咨議會議長余玲雅等人參觀宗博館。

· 世界宗教博物館參加外交部NGO國際交流成果展。

部長簡又新(中)至宗博攤位▼

· 美俄動畫大師 Adam Pat Synder 伉儷參訪宗博館。

· 永和藝術家協會會長胡復金參觀宗博館。

· 世界宗教博物館舉辦義工年度尾牙宴,感謝義工辛勞付出。

· 世界宗教博物館推出「社區有教室」專案,以優惠方式讓班級可以多次入館參觀。

二月

· 「神氣活現—山西泥菩薩特展」第二階段「觀摩學習期」登場,此期活動至4月30日止。

· 河南七大寺住持暨少林寺功夫訪問團參訪宗博館。

· 海峽兩岸佛教音樂展演團來館參訪。

- Glodin Foundation 貴賓參訪宗博館。

- Sai Foundation 塞德斯全球基金會創辦人參訪宗博館。

三月

- 世界宗教博物館執行文建會臺灣民間信仰資料庫計劃，完成有關臺灣民間信仰方面之館藏藝術品數位化的工作。

- 世界宗教博物館發展基金會執行長了意法師獲2004年國際佛教傑出女性獎。

了意法師與得獎者合影、致詞▼

- 世界宗教青年聯盟展開2004世界宗教青年大使培訓計畫。

- 經濟部工業局參觀宗博館。

- 創世基金會志工團參訪宗博館。

- 三重埔文史研究協會來館參訪。

- 永和市民代表周中元等來館參訪。

- 一貫道總會理事長蕭家振參訪宗博館。

四月

- 永和市公所安排一百二十位魯凱族學生來館交流。

- 新竹市立玻璃工藝博物館義工培訓團來館參觀交流。

- 中華文化復興運動總會秘書長蘇進強等人參訪宗博館。

- 板橋扶輪社參訪宗博館。

- 中華民國工商建設研究會參觀宗博館。

- 永和紳士協會來館參訪。

五月

- 「神氣活現—山西泥菩薩特展」第三階段「神氣佛現期」登場，展期至9月30日。

- 舉辦「讓愛起飛—生命教育種籽校長研習營」。

- 靈鷲山榮董聯誼會參觀宗博館。

- 世界宗教博物館參加教育部舉辦之社會教育資源活動。

- 故宮 2004F@imp 多媒體競賽國際會議中外貴賓參觀宗博館。

2004F@imp 競賽貴賓▼

- 教廷駐紐西蘭大使柯衛理總主教及駐臺大使安博思代辦來館參訪。

- 匈牙利國會議員來館參觀。

- 南鯤代天府率團參訪宗博館。

六月

- 外交部NGO副昆委呂慶龍大使參觀宗博館。

- 聯合國列為世界文化遺產之一 —卡塔卡利舞蹈團蒞館表演。

卡塔卡利舞蹈團▼

- 一貫道理監事會議代表參訪宗博館。

七月

- 本館與臺北市立圖書館共同舉辦九十三年度暑期兒童閱讀活動。

- 捷克國家博物館展覽部主任 Dr.Michal Stehlik 參觀宗博館。

- 大陸普陀山佛教協會及舟山宗教事務局局長率團來館參觀。

- 馬來西亞佛教團體參訪宗博。

- 宜蘭縣榮譽指導員協進會來館參觀。

八月

- 召開「生命領航員聯誼會」第一次年會。

- 「戀戀雙和—中和庄八景」開展，展出世界宗教博物館所在地—永和的鄉土文史資料，帶觀眾回顧本地優美純樸的文化風情，認識舊時代人民日常生活的樣貌。為配合本展，館方推出「深度文化之旅—永和文藝散步」活動，在導覽員的帶領下，實際探訪永和地區人文景致。

- 世界宗教博物館推廣中永和市「里民有約」活動。
- 東森文化基金會安排「兩岸和平小天使」來館參觀。

「兩岸和平小天使」▼

- 時為桃園縣民政局局長方力脩來館參訪。
- 廣東省佛山市中華醫學會來館參觀。
- 聖母聖心會羅馬總會長及剛果神父修士來館參訪。
- 世界宗教博物館、靈鷲山佛教基金會與中國社會科學院世界宗教研究所於大陸北京合辦「全球化進程中的宗教文化與宗教研究」海峽兩岸學術研討會。

九月

- 世界宗教博物館獲內政部頒發「民國九十二年度寺廟教會捐資興辦公益慈善及社會教化事業績優表揚」團體獎。

- 國立歷史博物館志工團參訪宗博館。
- 高雄市立美術館志工團參訪宗博館。
- 花蓮縣文化局文化服務義工參觀宗博館。
- 浙江省博物館學會名譽會長暨浙江自然博物館與科博館研究員來館參訪。
- 國際佛光會永和分會來館參訪。
- 南印度僧侶創辦人參觀宗博館。
- 蘇聯喇嘛Dorji Lama參訪宗博館。
- 國際扶輪社(金牌團隊社會聯誼會)來館參觀。

十月

- 世界宗教博物館發展基金會與溫哥華卑詩大學(University of British Columbia)共同舉辦「佛教聖地的形成與轉化」國際宗教學術研討會。

- 宗博館世界宗教展示大廳—埃及、馬雅展示區,國際借展文物換展。

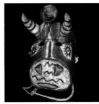

- 宗博基金會榮獲文建會第七屆「文馨獎」。
- 斯洛尼維亞駐教廷大使涂普拉伉儷Amb.Ludvik.Toplak參觀宗博館。

· 世界宗教青年聯盟針對2004 Goldin夥伴城市國際會議(Goldin Institute for International Partnership and Peace)青年大使展開培訓。

· 臺北縣生活關懷協會率團參觀宗博館。

十一月

· 世界宗教博物館、靈鷲山佛教基金會與高登合作與和平協會（Goldin Institute for Partnership and Peace）共同主辦2004年第三屆夥伴城市國際會議「靈性與生態永續：水─我們共同的根源」宗教論壇。

· 由孔漢思博士策劃的「全球倫理展」中文版，首次在世界宗教博物館展出。

· 宗博館開幕三週年舉辦館慶活動。

· 世界宗教博物館參加2004年臺北國際旅展。

· 鶯歌陶瓷博物館兒童活動志工參訪宗博館。

· 基督宗教研究與當前大學教育學術訪問團來館參訪。

· 輔仁大學第二屆漢學國際研討會貴賓參訪宗博館。

十二月

· 舉辦「聖誕尋寶」抽獎活動。

2005

一月

· 本館與臺北縣教育改革協會共同主辦、臺北縣永平高中及永和讀書會協辦「愛的森林─校長教師生命教育體驗營」暨「生命領航員聯誼會」新春聯誼─「愛的奇幻之旅」。

· 世界宗教博物館之兒童生命教育展「愛的森林─尋找奇幻獸」舉行開展典禮。為配合本展，館方推出「生命遊戲盒」體驗活動、「奇幻獸命名遊園會」、「愛的奇幻獸之『大地拼貼』」，並出版《尋找愛的奇幻獸》生命教育繪本。

小朋友參與奇幻獸拼貼▼

· 實踐「生命服務生命・生命奉獻生命」的理念，世界宗教博物館培訓永平國小小小導覽員。

· 本館獲九十三年行政院文化建設委員會指導，「國家文化資料庫－世界宗教博物館臺灣民間信仰典藏數位計畫」上線（http:www.mor.org.tw）

· 國際單親兒童文教基金會來館參訪。

· 泰國國務院首席外交顧問、前外交部長Dr.Krase Chanawonges參訪宗博館。

· 世界宗教博物館與國立臺灣科學教育館簽訂會員互助合作。

· 宗博讀書會由財團法人國家文化藝術基金會贊助，每月固定舉辦二至三次書籍導讀、影片欣賞等活動。

· 舉辦館員與義工訓練講座，邀請教師解析宗教文化各面向，提升導覽智識。

二月

· 知名文學家余秋雨先生來館參訪，肯定宗博館人文藝術設計表現。

· 教育部國際文教處安排美國布蘭岱斯大學校長Dr.Jehuda Reinharz來訪。

· 宗博館校園代表會舉辦新春茶會，分享交流推廣生命教育經驗。

校園代表新春茶會▼

三月

· 德國敏斯特大學宗教系Annette Wilke與Guggenmos教授及八名學生至世界宗教博物館及靈鷲山無生道場參訪，Wilke並以「印度神祇與視覺神學」為題發表專題演講。

德國敏斯特大學師生▼

· 國際博物館倫理委員會資深委員Mr.Gary Edson、輔仁大學博物館研究所周功鑫所長來館參訪。

四月

- 世界宗教博物館委託國立臺北護理學院曾煥棠教授主持：「讓愛起飛－青少年生命教育研究」結案。評量結果顯示在參觀完博物館後，對於博物館提供心靈生命的內涵表現給予近90％的高度肯定。

- 中華文物保護協會安排大陸遼寧省考古學會來館交流。

- 世界宗教博物館與東森文教基金會合辦「探索生命、共同成長」慈善活動，邀請臺北縣新移民親子家庭來館參加奇幻獸「米洛可」命名活動。

五月

- 舉辦生命教育偶戲表演「母親節主題」。並提供「全家參觀博物館，母親免費入館」優惠。

- 應中國文物保護基金會邀請，世界宗教博物館創辦人心道師父與漢寶德館長赴甘肅敦煌進行文化交流。

心道師父攝於張掖市大佛寺▼

六月

- 廣東省文化廳曹淳亮廳長及廣東省博物館、文物考古研究所來館參訪。

曹淳亮廳長（右邊第六位）▼

- 靈鷲山佛教教團暨世界宗教博物館發展基金會號召的「南亞賑災臺灣宗教聯合勸募」興建之愛心屋落成啟用。

七月

- 「雙和」信仰地圖－社區文史展開展。

- Goldin加州代表Mr. Don Frew二次訪臺參訪宗博館（WICCA信仰/URI會員）。

- 宗博館於大門口及太平洋百貨雙和店騎樓，舉辦慈善跳蚤市場義賣會，為學童籌措生命教育基金。

・「趨吉辟邪—民間文物展」開展，並出版《趨吉辟邪—民間文物展》特展專刊。本展展區分為「空間」與「人身」兩大主題，展示多種趨邪納吉的傳統器物，呈現辟邪文化的豐富面貌與傳統藝術的獨特美感。本次特展並以石獅、門神、插角、獅座等建築構件，加上展示設計對於構件位置的巧思，濃縮呈現「神之居所」對於辟邪淨化的悉心講究。展期至2006年2月10日。為配合本展，館方推出系列講座。

「趨吉辟邪—民間文物展」展場▼

八月

・與國立中央圖書館臺灣分館合作「咪咪老師說故事」兒童生命教育繪本閱讀推廣。

・獲內政部頒發「民國九十三年度寺廟教會捐資興辦公益慈善及社會教化事業績優表揚」團體獎。

・聯合國地球憲章青年團主席Michael Slaby 參觀宗博館及靈鷲山無生道場。

・世界宗教博物館與臺北縣立鶯歌陶瓷博物館簽訂會員互惠合作。

・舉辦農曆情人節「春去春又來」未婚聯誼活動。

・舉辦「家長教育分享營」。

九月

・本館暨靈鷲山佛教基金會與北京大學哲學系、宗教學系聯合舉辦「宗教對話」講座系列。心道師父以「從本地風光到華嚴世界」為主題，談靈鷲山教團文化理念與國際發展。

宗教對話講座▼

・臺灣聖公會聖賴榮信主教等貴賓來館參訪。

· 舉行生命領航員聯誼會第二次年會「點亮生命之光－讓愛起飛」。

· 行政院新聞局貴賓智利水星日報社論及意見版總主筆Mr.Francisco Jose Folch來館參訪。

· 臺灣民主基金會－亞洲民主論壇會議與會貴賓來館參訪。

· 永和市姊妹市－美國卡羅頓市市長貝琪・米樂市長來館參觀。

· 辦理中華民國觀光導遊協會研習會。

· 獲國立新竹社會教育館頒發「社會教育有功團體獎」。

· 協辦「2005年桃園縣宗教文物博覽會」。

· 天主聖言會葉德華神父參觀宗博館，並帶領二十餘位各國神父參訪無生道場。

· 推出「偶愛奇幻獸」活動，跨出博物館的殿堂，將喜歡生命的種子帶到校園播種。「偶愛奇幻獸」結

合故事情節及可愛的玩偶，引導小朋友在看表演、玩遊戲中體驗愛與尊重。

十月

· 配合萬聖節舉辦「親子趣味畫鬼臉大賽」。

小朋友於會場表演太鼓▼

· 時為外交部政務次長高英茂陪同斯里蘭卡內政部長譚納坤夫婦 Hon. Janaka Bandara Tennakoon 來館參訪。

· 中華發展基金會管理委員會主辦、中國哲學會承辦，「2005兩岸宗教與社會」學術研討會來館舉辦「宗教博物館的經營理念與展望」座談會。

· 與台新銀行合作發行「游藝卡」。

十一月

· 9日為世界宗教和諧日暨館慶日。本館開幕四週年,當天全館免費開放參觀,並推出館慶月「世界‧從心開始」系列活動。

· 2005年北臺灣的「power教師教學經驗分享」在宗博館舉行,於會中進行教學經驗分享,並參觀世界宗教博物館。

power教師參訪▼

· 獲教育局頒發「九十四年度推展社會教育有功團體獎」。

· 獲臺北縣政府頒發九十四年度「推展社會教育有功團體獎」。

· 臺北迎新會(welcome to Taipei International Women's Club)各國使節夫人共十位參觀宗博館。

· 外交部次長高英茂陪同斯里蘭卡佛牙守護者尼南迦(Nilanga)等貴賓來訪。

十二月

· 世界宗教博物館發展基金會與「愛與和平地球家」(GFLP)於世界宗教博物館共同主辦「關懷青少年—生命論壇」。

· 香港循道衛理教會學校十七所學校校長、教師,組「臺灣生命教育觀摩學習團」來館參訪。

· 由教育部贊助、國立臺北教育大學生命教育與健康促進研究所編寫的國小版教材「生命的五個階段體驗課程學習活動設計—以世界宗教博物館為設計元素」出版。

· 本館與靈鷲山佛教基金會、聯合報合辦之第四屆宗教文學獎舉行頒獎典禮。

2006

一月

· 英國Sheffield Univ.教授藝術與古蹟學者伊麗莎白‧卡內基女士(Miss Elizabeth Carnegie)來館進行跨國研究。

· 世界宗教博物館於和平交流廳啟建「地藏經暨焰口超度」法會。

・舉辦「歡喜冒險王」冬令營活動，內容包括參觀「愛的森林」展、世界宗教博物館，並觀賞動物偶劇「我們都是最棒的！」

・世界宗教博物館2005年委託國立臺北教育大學生命教育與健康促進研究所黃雅文所長，針對本館豐沛的生命教育內涵研究編纂「生命的五個階段－國小生命教育教案」公開發行，作為與學童分享生命教育的教材。

・世界宗教博物館持續辦理獲教育部認證研習時數之「全國教師生命教育研習活動」，並主動發函予縣市教育局宣導國中小及高中學校團體報名。

二月

・天主教單國璽樞機主教來訪，肯定本館融合宗教人文與科技。

單國璽主教（右一）▼

・世界博物館發起「小天使專案」，安排數千名國小身心障礙班學童免費參觀「愛的森林－尋找奇幻獸」兒童展。

三月

・本館首次與藝術家合作展：「永恆的召喚－陳贊雲宗教建築攝影展」開展。

陳贊雲攝影作品▼

永恆的召喚

・國際扶輪社主辦「2006年國際扶輪社3520地區第六分區聽障青年領袖營」學員參觀世界宗教博物館。

・楊州市王燕文市長率團來館參訪。

・亞洲區天主教主教團「天主教會晤儒道與民間宗教研討」年會團體來訪。

・世界宗教博物館於桃園小烏來風景區舉辦「宗博志工聯誼活動」，並參訪三峽客家文化園區。

· 江蘇省無錫市府來訪。

· 推動臺北縣市「社區大學教師研習營」，邀請社大教師來館了解本館教學資源，及與社大公民週共同合作講座課程。

四月

· 世界宗教博物館發展基金會執行長釋了意法師代表創辦人心道師父出席杭州「世界佛教論壇」。

世界佛教論壇▼

· 文建會中部辦公室第三科來訪交流。

· 世界宗教博物館發展基金會於北京大學與哲學系及宗教學系共同舉辦「宗教對話座談－和平從聆聽開始」講座。

· 尼泊爾Tendar喇嘛及四位尼國政界貴賓來館參觀。

· 世界宗教博物館通過行政院文化建設委員會「九十五年地方文化館」審核，相對補助「道教掛軸數位典藏計畫」。

五月

· 世界宗教博物館發展基金會推派代表赴泰國參加第三屆聯合國衛塞節國際佛教會議，來自四十六個國家兩千三百多位與會者，就「佛教對世界和平與可持續發展的貢獻」進行研討。

· 辦理「帶媽媽入館參觀，媽媽免費」活動，鼓勵家庭同遊。另參加大安森林公園「慶佛誕日報母恩愛心祈福園遊會」活動。

母親節祈福園遊會▼

· 三立電視台/臺灣台「用心看臺灣」節目來館採訪。

· 行政院新聞局安排比利時「標準報」及「安特衛普日報」記者來館採訪，報導我國文化建設與表演藝術議題。

· 由板橋市公所主辦、臺北縣古蹟文化協會與本館承辦之「2006年板橋市成年禮」登場。

· 「爵鼎聰明－青銅器兒童教育展」開展，介紹古代「綠黃金」－青銅器的知識、內涵、造型與紋飾。展場中運用「翻翻板」解說它的功能種類，另有「紋飾拼圖區」、「拓印區」、「世界宗教動物園」圖騰介紹。本展展期至12月24日。為配合本展，館方推出「宗博夏令活動」－青銅達人闖天下活動。

青銅器兒童教育展▼

六月

· 世界宗教博物館與臺灣生命教育學會合作，共同舉辦「全國高中生命教育課程研習」。

· 臺北縣政府社會局板橋區社會福利服務中心，為「九十五年度獨居長者關懷活動計劃」，安排三十位長者來本館免費參觀。

· 舉辦中永和市民「暑假親子歡樂遊」，邀約二十個里里民團免費參觀青銅器兒童展。

· 世界宗教博物館向國立臺灣博物館借展「泰雅紋面工具」一組，充實本館「生命之旅廳」展區內涵，讓觀眾了解臺灣原住民傳統成人禮俗。

七月

· 外交部安排APEC秘書室執行長陳重全大使夫婦來館參觀。

· 世界宗教博物館漢寶德館長獲國家文化藝術基金會頒發「第十屆國家文藝獎」建築類得獎者。

· 國家文化藝術基金會李魁賢董事長、蘇昭英執行長等來館參觀。

· 本館參與「第七屆兒童藝術節」，由臺北市文化局結合臺北縣、宜蘭縣適合兒童探索與學習的藝文機構，為小朋友們設計充實而歡樂的夏日時光。

· 充滿歡樂探索與學習樂趣的「愛的森林－尋找奇幻獸」二期正式揭幕，並推出「樂活一夏－奇幻獸愛PARTY」、「宗博夏令活動」－仲夏森林大冒險活動。

「愛的森林－尋找奇幻獸」揭幕▼

· 參加「預防犯罪，全民Go Go Go」嘉年華活動。

· 配合東森慈善、文教兩基金會辦理「2006原氣奔騰、原氣暑假」東森原住民學童暑假臺北交流活動。接待原住民部落一百五十名小朋友來館參觀。

· 世界宗教博物館發展基金會再度榮獲行政院文化建設委員會「第八屆文馨獎」頒發金牌團體獎。

八月

· 獲內政部頒發「民國九十四年度寺廟教會捐資興辦公益慈善及社會教化事業績優表揚」團體獎。

九月

· 本館配合台積電文教基金會持續舉辦「台積美育之旅」，偏遠地區四千多名國小學童到館參觀。

「台積美育之旅」▼

· 「小天使專案」獲得北縣市學校熱烈迴響。九十五學年擴大加入與基隆市、桃園縣教育局合作，代轉縣市內學校參與。

· 本館將關懷觸角由學校深入弱勢兒童族群，邀請兒童社會福利團體免費參加「愛讓生命飛翔」體驗之旅，結合愛的森林、生命之旅、世界多元文化與爵鼎聰明特展等活動，提供兒福親子團體體驗愛與關懷並共享快樂的時光。

「愛讓生命飛翔」體驗之旅▼

十月

· 全省旅行公會理監事會議於本館舉辦並安排參觀館區。

· 世界宗教博物館發展基金會於北京大學舉辦「回佛對談」。來自伊朗、德國、印度、美國、中國大陸及臺灣等近四十位學者及八十多位北大師生與會。

· 臺北縣藝術與人文輔導團到世界宗教博物館辦理教師研習。

· 雙胞胎協會參與本館「兒童親子專案」－愛讓生命飛翔體驗之旅，計有三十對雙胞胎參與體驗。

· 臺北縣家扶中心四十五位親子參加本館「兒童親子專案」－愛讓生命飛翔體驗之旅。

- 本館授權國立臺灣藝術大學向文建會提案申請〈信仰、探索—臺灣民間信仰數位典藏創意加值計劃〉獲審通過，推動傳統文物賦予文化創意。

- 推出「奇幻獸抱抱」活動，為大型幼教團體提供優惠方案，於館內進行生命教育教學。

十一月

- 世界宗教博物館接待來臺參加「博物館的新角色與使命」國際博物館管理委員會2006年暨研討會貴賓來館參觀。

- 行政院新聞局安排美國著名建築攝影師兼任「波士頓環球報」(Boston Globe)特約撰稿人Peter Vanderwarker拜會漢館長及參觀本館。

- 9日為「世界宗教和諧日」暨本館開館五週年館慶日。本館感懷籌備時期，來自許多社會善心人士貢獻相當的心力與努力，發出「感恩卡」邀請來館。

- 「雙和人—雙和地方文史展」開展，使社區民眾了解地方文史發展軌跡，以及雙和人的多元組成與融合。展期至2007年1月28日。

- 國史館臺灣文獻館謝嘉梁館長率領志工團一百二十人參訪宗博館。

國史館臺灣文獻來館合影▼

- 靈鷲山教團邀請中國中央民族大學王堯教授分別於政治大學、無生道場及世界宗教博物館講授「走進藏傳佛教系列講座」。

- 輔仁大學宗教系黃懷秋主任及日本東京上智大學Willia Johnson教授來館參訪。

- 中華世界和平超宗派超國家協會貴賓來訪。

- 輔仁大學第四屆漢學國際研討會與會學者來訪。

- 2006年海峽兩岸「西王母論壇與宗教高峰會」與會學者來館參訪。

十二月

- 舉行「二十世紀現代建築縮影展」開幕記者會及「廿一世紀現代宗教建築—從科比意談起」座談，邀請世界宗教博物館漢寶德館長擔任主持人。

- 世界宗教博物館「宗教建築模型展系列」展出建築大師科比意（Le Corbusier）的「廊香教堂（Ronchamp）」。並配合發表「世界宗教博物館虛擬聖境系列－『閱讀夏特教堂』立體書」。本展展期至2007年2月28日。

- 本館因執行「國家文化資料庫」計劃，受邀參與「商業應用大賽暨授權產業鏈媒合展示」活動。

- 世界宗教博物館與臺灣生命教育學會合作，共同舉辦「全國高中生命教育課程研習」。

- 長庚紀念醫院醫療團隊參觀世界宗教博物館。

- 世界宗教博物館兒童網網站開站，網址為 http://www.kidsland.org.tw。

- 《生命教育》期刊創刊發行，創刊號主題為「臺灣生命教育現況的省思」。

- 第五屆宗教文學獎舉行頒獎典禮。

- 2006年「臺灣心靈白皮書」全國問卷調查公佈。

2007

一月

- 《生命教育》創刊號發表會暨「生命領航員聯誼會」第三屆年會，假世界宗教博物館特展室舉行。

- 世界自由民主聯盟饒穎奇總會長、葛永光秘書長、劉志同執行長來館參訪。劉志同執行長暨聯合國非政府組織執委會主席柯壁修女（Sister Joan Kirby Understanding）范黛克主席（Ms. Alison Van Dyk）並與執行長釋了意法師進行對國際和平交流的經驗分享。

- 世界宗教博物館校園代表歲末感恩大會，會中安排漢寶德館長以「談美」為題演講，並由中華敦煌能量藝術研究學會帶來精彩表演。

中華敦煌能量藝術研究學會▼

- 國史館來館交流。

・舉行世界宗教博物館志工尾牙感恩大會。

・舉辦「宗博信眾服務中心」啟用典禮，感恩靈鷲山信眾的發心與護持。

「宗博信眾服務中心」啟用典禮▼

・印度教羅摩克里希納教會（Rama Krishna Mission）上師 Swami Gokulananda來館參訪。

・推出「生命教育偶戲導覽」，以創新的偶戲故事與小朋友互動，把可愛的精靈們融入博物館導覽中，深入了解展覽精華。

・推動社區大學「看建築遊世界」學習專案，讓博物館的展覽資源進入社會教育。

二月

・舉辦「彩虹女巫說故事」小小真愛生命教育繪本。

・特展「財神到」開展，展期至7月30日。

「財神到」展場▼

三月

・宜蘭縣府官員來訪。

・於永和太平洋百貨前廣場舉辦「與奇幻獸一起唱唱跳跳」，由宗博館館員及志工帶領親子活動。

・「佛途旅次─陳克華的緬甸地圖」攝影展開幕記者會，邀請陳克華先生與緬甸華僑盧醫生暢談拍攝中的軼聞趣事。展期至4月30日。

・靈鷲山教團於世界宗教博物館啟建「三時繫念法會」。

四月

・世界宗教博物館舉辦媒體茶敘活動。

・輔仁大學宗教學系與紐約長島大學合辦之「2007世界友誼計劃」，安排師生前來宗博館參訪。

・榮獲1984年諾貝爾和平獎得主屠圖大主教（Archbishop Desmond M. Tutu）參訪世界宗教博物館。

· 真理大學宗教學系與宗博館簽訂建教
合作。

· 世界宗教博物館志工參訪新竹縣新埔
鄉「南園」。

· 本館因獲評為優質藝文館舍，受邀
參與並列為九大節慶旅遊路線景點之
一。

五月

· 國立中央圖書館臺灣分館蘇德祥館長
來館參訪。

· 推出歡慶2007年母親節系列活動。

· 臺中市旅行商業同業公會率團來館
觀摩研習，共計二十八家來自臺中市
主要經
營國民
旅遊及
學生團
體的旅
行社參
與。

· 波蘭亞太博物館館長Andrzej
Wawrzyniak先生參訪宗博館。

· 2007年榮獲周大觀文教基金會頒發
「全球熱愛生命」獎章的琳達高德曼
(Pro.Linda Goldman)參訪宗博館。

· 天主教加拿大維多利亞教區主教Remi
J. De Roo, Bishop Emeritus of
Victoria , B.C. 參訪宗博館。

加拿大維多利亞教區主教▼

· 舉辦扶輪社「博物館之旅」茶會活
動，共有三十四位社長及活動幹部蒞
臨參加。

六月

· 泰國來臺考察的醫師團參觀宗博館。

泰國醫師團▼

· 遠光法師來訪，在心道師父陪同下參
訪世界宗教博物館。

七月

· 世界宗教博物館與漢光教育基金會合作贊助「恩加貧困家庭協會」兒童夏令營。

· 舉辦「仲夏《最愛線》」夏令營。針對國小以上學童，設計豐富有趣的活動內容，包括DIY創意動手做、帶動唱、專人導覽宗博館等。

「仲夏《最愛線》」夏令營▼

八月

· 參加由孔廟臺北市讀經協會主辦之中華文化經點頌讀大會園遊會活動，藉由大富翁遊戲推廣博物館的精神與創館理念。

· 舉行「生命教育半年刊─編織自殺防護網」第二期發表會暨「生命領航員聯誼會」仲夏樂活之旅。

· 世界宗教博物館「宗教建築模型展系列」展出美國建築大師大衛・萊特（Frank Lloyd Wright）作品「唯一派教堂（Unitarian Meeting House）」。展示內容除了有模仿實體建築等比縮小的精緻模型，還有對大師萊特的生平、作品、影響力介紹。展期至2008年3月2日。

唯一派教堂模型▼

九月

· 1989年成立於泰國的International Network of Engaged Buddhists（簡稱INEB，中譯「國際入世佛教協會」），來臺舉行2007全球大會，並參觀宗博館。

· 大陸深圳弘法寺心悅法師來館參訪。

· 外交部非政府組織（NGO）國際事務委員會副主委江國強來館參觀。

· 靈鷲山佛教基金會與世界宗教博物館發展基金會同獲內政部「2006年度興辦公益慈善及社會教化事業績優宗教團體表揚」。

· 舉辦「藝術與人文教師研習營」。

· 本館參與華山文化園區舉辦的「出神‧入畫－Wow!Art is fun;Culture is life.數位典藏創意加值暨數位授權成果展」。

十月

· 臺北縣文化局於本館辦理「北縣博物館館際交流」，縣內各公私立博物館人士來館進行一日研習。

· 特展「聖誕圖－一幅畫的故事」開展。展場以象徵著耶穌裹屍布的白色胚布加以布置，營造出整體的神聖氛圍。本展展期至2008年4月27日。

· 漢寶德館長獲邀參加「2007年博物館館長論壇：分享與交流－博物館館際合作」，發表專題演講。

· 國立臺灣工藝研究所林正儀所長來館參觀萊特展及聖誕圖特展。

· 「仁慈聖母會」五大洲會長參訪世界宗教博物館。

· 臺北市政府文化局主辦「2007臺北文化護照」，本館榮獲觀眾票選最受歡迎景點第三名。

十一月

· 行政院新聞局安排瓜地馬拉「展望電視台」節目來館拍攝。

· 「世界宗教博物館愛的森林兒童網」獲選行政院研考會主辦之2007年「第一屆網際營活獎」殊榮。

· 靈鷲山教團於世界宗教博物館舉辦西區以北「儲委精進營」。

· 推出「愛的森林」校外教學活動，規劃三大主題參觀活動及各項教育活動。

十二月

· 世界宗教博物館舉辦「異國文化藝術列車」教師研習活動。

· 奇美博物館郭玲玲館長暨同仁來館交流。

・世界宗教博物館舉行「第六屆宗教文學獎」頒獎典禮。本屆宗教文學獎以「喜歡生命,真心和諧」為徵文主題,徵文獎項分為敘事詩與短篇小說兩組。

・世界宗教博物館參與靈鷲山臺南分院舉辦之「愛在鳳凰城園遊會」,現場小朋友踴躍參與本館「愛的森林大富翁活動」,樂趣十足。

・臺北縣教育研究發展中心－國中藝術人文輔導團,與漢寶德館長進行館校合作座談會。

・中國青年創業協會總會「2007創業相扶獎」得主一行參訪世界宗教博物館。

・澳門聖玫瑰暨聖若瑟第五中學教師團參訪世界宗教博物館。

・泰國地位崇高的僧王寺第一副僧王梵摩尼僧長(Phra Phommunee)暨僧眾至本館參訪。

梵摩尼僧長(左一)▼

・推出「創意亮彩聖誕卡、神奇魔術屋卡DIY」、「愛的森林彩繪手指偶大團圓」等DIY活動。

2008

一月

・推出「小小藝術達人之旅」、「『生命探索』之旅」、「『世界宗教動物園』之旅」、「『為自己出征』—品格教育行程」、「異國文化藝術列車系列活動」,協助學校前來宗博館進行校外教學。

・舉辦世界宗教博物館2007年志工大會暨聯誼晚會。

・第五屆靈鷲山普仁獎學金得獎同學及師長參觀本館。

二月

・舉辦「財神Follow me」活動,讓大小朋友發揮想像力,創造專屬的財神卡片。

・時為文建會王拓主委暨國立臺灣歷史博物館吳密察館長來館拜會參觀。

· 舉辦「跨宗教祈福新春聯誼茶會」。

三月

· 世界宗教博物館推出「春天來『搗蛋』！」活動，介紹復活節的習俗與由來。活動自4月27日止。

· 「印度－臺北協會」林凡副會長來館參觀，洽談「聖域印象」攝影展合作事宜。

· 內政部警政署刑事局秘書室主任鄧學鑫率研究員來訪。

· 國際單親文教基金會來館參觀。

· 靈鷲山桃園講堂來館參觀。

四月

· 國立自然科學博物館林宗賢館長來訪。

· 靈鷲山教團於世界宗教博物館及臺北市大安森林公園舉辦「萬人禪修志工教育訓練」。

· 靈鷲山新莊中港中心「歡喜小菩薩班」參觀世界宗教博物館「聖誕圖——幅畫的故事」特展。

五月

· 舉行《生命教育－活出品格》專輯發表會暨「生命領航員」—春之活道年會。

· 世界宗教博物館首任館長漢寶德先生退休，心道師父特聘漢館長為世界宗教博物館榮譽館長暨靈鷲山聖山建設總諮詢顧問。

六月

· 世界宗教博物館發展基金會、愛與和平地球家（GFLP）與聯合國教科文組織（UNESCO）、以利亞協會（The Elijah Interfaith Institute）及政治大學，共同於政治大學國際事務學院及世界宗教博物館舉辦「2008年全球化與靈性傳統」，為「回佛對談」首次在臺舉辦。

‧「寫藝人間－漢寶德書法展」開展，為本館首任館長漢寶德墨寶首次對外展覽，共展出七十多幅書法作品。展期至9月30日止。為配合本展，館方推出專題講座，由榮譽館長漢寶德主講。

漢寶德書法展▼

七月

‧時為文建會主委黃碧端、文建會副主委洪慶峰至館參觀「寫藝人間－漢寶德書法展」。

‧推出兒童（親子）夏令營「大手牽小手，來館趣味遊」活動。

‧世界宗教理事會（CPWR）理事Dr. Joseph Prabhu來館參訪，並邀約世界宗教博物館發展基金會參與2009澳洲年會。

‧世界宗教博物館出暑期親子講座「繪本魔力無法擋」。

‧駐臺北以色列經濟文化辦事處代表甘若飛（Raphael Gamzou）來訪及參觀書法特展。

八月

‧參與文建會「九十七年度訪視臺北縣地方文化館及宣導文化生活圈理念」會議。

‧文建會、經建會、北縣文化局等訪視委員至本館訪視。

‧世界宗教博物館發展基金會與靈鷲山佛教基金會、世界宗教大學籌備處於宗博館舉辦「2008懺悔的宗教意義－兩岸學術研討會」。

‧馬英九總統偕夫人周美青赴宗博館參觀「寫藝人間－漢寶德書法展」，時世界宗教博物館榮譽館長漢寶德在國外考察，馬總統臨去前，特別留下一封短箋轉交漢寶德先生致意，內容如下：「建築書法一筆通，美感平衡類皆同。今朝初識漢師藝，實感學海本無窮。」

總統偕夫人參觀書法展▼

‧文建會舉辦「在地文化國際發聲」記者會。本館接受執行單位中央廣播電台訪問，以中英日三語，於廣播節目、網路廣播，向海外傳播。

· 擔任美國耶魯大學課程管理的Alexandra M.Barton-Sweeney為蒐集「宗教與全球化」課程的相關資料，來館進行拍攝紀錄。

九月

· 世界宗教博物館發展基金會連續七年獲內政部頒發「九十六年度績優宗教團體表揚」。

· 世界宗教博物館敦聘國立臺北藝術大學傳統藝術研究所江韶瑩教授擔任新任館長。

· 舉辦「秋天的神遊—名人與你一起閱讀宗教建築」系列講座，首場由榮譽館長漢寶德主講「虛擬聖境—世界宗教建築縮影」。

十月

· 世界宗教博物館獲內政部公義慈善及社會教化事業績優宗教團體表揚大會頒發「社會教化」獎。

· 世界宗教博物館「現代宗教建築模型展」，展出建築大師埃羅‧沙里寧（Eero Saarinen）之作品－麻省理工學院禮拜堂（MIT Chapel, Cambridge, Massachusetts）。

十一月

· 執行地方文化館計畫，由宗博館邀請臺北縣家長會長代表研習，並至中和圓通寺實地介紹日式佛教的建築特色。

· 世界宗教博物館開館七周年慶，舉辦敦煌舞饗宴、麻省理工學院禮拜堂模型導覽以及《靈鷲山誌‧國際發展卷》與《弘化紀實卷》新書發表會等系列活動。

開館七周年慶▼

· 世界宗教博物館發展基金會連續三屆獲文建會頒發「文馨獎」常設展金質獎牌。

· 廈門市佛教協會一行十七人，在會長則吾法師帶領下來館參觀。

· 臺北市政府舉辦的「疼惜鄉土、清淨祭拜—NGOs論壇」與會人士參訪世界宗教博物館。

十二月

· 「虛擬聖境－世界宗教建築縮影」
  常設展及「二十世紀現代宗教建築縮
  影」特展，獲得文建會「磐石計畫」
  地方文化館五年期的補助。

· 推動「歡樂耶誕月－尋找奇蹟」活
  動。內容包括「耶誕故事好好聽」、
  「米洛可創意造型DIY」。

· 舉行「第七屆宗教文學獎」頒獎典
  禮。本屆宗教文學獎以「亂世中的希
  望與光亮」為徵文主題。

· 中華民國激勵協進會一行在陳怡安教
  授帶領下參訪世界宗教博物館。

2009

一月

· 世界宗教博物館舉行志工歲末感恩大
  會。

· 藏傳佛教寧瑪傳承的法王子－穆桑古
  千仁波切來訪。

二月

· 舉辦「迎春跨宗教祈福交流茶會」，
  邀請臺灣各宗
  教界領袖代表
  共同為臺灣、
  世界祈福。

· 「李信男－1996土耳其、以色列宗
  教聖地考察攝影展」開展，展出心道
  師父前往
  中東聖地
  世界宗教
  參訪拜會
  的行程記
  錄。展期
  至4月5日。

三月

· 舉辦「2009年度生死教育議題－生死
  關懷種子教師研習營」，研習分為三
  大部分：專題演講、參觀體驗活動、
  綜合座談與簡報。

· 輔仁大學織品行銷系副教授陳文祥帶
  領學生參訪宗博館。

四月

· 馬來西亞佛教首座達摩拉達那
  長老（The Most Ven.K. Sri.
  Dhammaratana, Chuf. High Priest
  of Malaysia）等來館參觀。

· 舉辦「臺灣宗教界南亞賑災聯合勸募
  感恩茶會」，斯里蘭卡大菩提基金會
  Sobhita 長老感謝臺灣宗教界的救難
  與協助，並將籌建工作現況作簡報。

· 生命領航員吳庶深助理教授帶領香港
  幼稚園老師來館參訪生命教育教學。

· 香港教育學院顏林發主任帶領「臺灣生命教育學習探索團」師生，來館進行「生命因你動聽」課程。

· 「和平之書：以色列藝術家珂朵羅女士畫展」舉行特展開幕茶會。本展展期至6月7日，共計展出六十幅珂朵羅的作品。

和平之書開展▼

五月

· 舉辦「親子樂活・溫馨五月」活動。內容包括「快樂寶貝」親子樂活瑜珈、創意巧手DIY。

· 心道師父與2009年第十六屆十大傑出愛心媽媽獲總統馬英九先生接見，隨後並參觀世界宗教博物館，心道師父親切歡迎所有來賓。

· 「生命教育種子教師研習」安排臺北清真大寺參訪，中國回教協會馬孝祺副會長共同參加活動。

七月

· 舉辦「雙和好神　酷玩一夏」兒童（親子）夏令營。

DIY守護神公仔▼

· 臺灣生命教育學會「2009不一樣的青春~青少年生命教育體驗營」學員參訪本館。

· 臺北市東門國小、青少年育樂中心、家長聯合會等共同籌辦之「小小藝術家－圓夢計劃」夏令營學員來館參訪。

· 舉辦「好神學堂　週日開講」，首場由世界宗教博物館館長江韶瑩主講，題目為「建築篇~我家門口有劍獅，談臺灣宗廟建築之美」。

· 世界宗教博物館發展基金會獲內政部年度績優宗教團體表揚。

八月

· 世界宗教博物館與馬偕醫院共同主辦「生命關懷種子教師研習營」。

· 第二屆「懺悔的宗教意義」兩岸學術專題講座於本館舉行，會中邀請中國人民大學張風雷教授及中國上海師範大學侯沖教授發表專題講座。

· 配合文建會九十八年地方文化館巡演計畫：「2009仲夏藝文祭」，花蓮朵韻舞集於本館七夕獻舞。

· 旅居美國的國學大師葉曼女士參訪世界宗教博物館，並舉辦一場小型座談會。

九月

· 配合文建會九十八年地方文化館巡演計畫：「2009仲夏藝文祭」，子宛然掌中劇團於本館演出「孫悟空大鬧水晶宮」。

· 舉辦「臺灣宗教建築系列—參訪百年艋舺龍山寺」藝文教育教師研習。

· 配合「2009印度文化節」，世界宗教博物館邀請印度舞者許朱（Mr Kalamandalam Shiju）、賈雅翠（Gayathri Viswanatha Rao）於館內示範印度舞蹈。

十月

· 世界宗教博物館參與北區技專校院教學資源中心與縣府合作「通識3C護照」啟用典禮。

· 印度瑜伽宗師馬哈拉甲大師（Sri Swami Adhyatmanandaji Maharaj）與中華民國瑜伽協會一行參訪本館，盛讚創辦人心道師父「做了一件對全人類很有幫助的事」。

· 「墨西哥死亡節嘉年華」開展，展出期間推出「親子玩藝工作坊」、歡樂嘉年華以及跳吧骷髏人活動，展期至11月1日。

「墨西哥死亡節嘉年華」▼

· 泰國龍波讚念長老等一行參訪本館。

· 斯洛維尼亞人類學博物館亞非館館長 Mr. Ralf Ceplak Meninc來館參訪。

· 墨西哥駐臺北辦事處慕東明處長、處長夫人來館參訪。

十一月

· 中國大陸敦煌研究院院長樊錦詩等一行參訪世界宗教博物館。

· 世界宗教博物館特展「慈悲自在─遇見觀音」開展。以蓮花手、施無畏印、楊柳、白衣、水月、南海、送子、魚籃等八種典型的觀音造型為引，依序帶出千年洪流裡的佛典、思想情感與藝術美學，並介紹明清時期德化瓷、銅鎯銀製法等饒富特色的觀音造像。為配合「慈悲自在─遇見觀音」展覽，本館推出「神通廣大─百變觀音生活美學系列活動」以及「遇見觀音好運到」、「樂活觀音媽」活動。

· 「艋舺龍山寺建築模型展」開展。

· 中國社會科學院王志遠博士率社科院師生偕企業界人士、南京定山寺智光法師等一行參觀本館。

· 世界博物館志工隊獲選臺北縣文化志工團隊優等獎。

· 推出「東西文化齊步走─多元文化校園巡迴展」專案，讓生命教育走進校園，為學校提供多元的學習方式。首站於臺北市五常國小舉行。

十二月

· 「2009第八屆宗教文學獎」頒獎典禮於臺北市長官邸藝文沙龍表演廳舉行。

· 世界宗教博物館舉辦「生命教育中心」正式掛牌啟用儀式暨「美的延伸線」生命教育專輯新書發表會。

· 推出「DEC歡樂聖誕月」活動，活動內容包括聖誕歌舞帶動唱遊戲、DIY、繪本故事等。

· 推出「小小旅行家遊世界」寒假幼
教安親優惠活動,活動方式為電腦動
畫、互動遊戲、靜態參訪。

2010

一月

· 推出「多元文化藝起來」,以主題導
覽的方式設計,共有十個主題行程。

魔法屋DIY▼

· 國立中央圖書館臺灣分館與本館合作
推出「福虎生風─虎文化」特展,介
紹老虎的形貌與特性,展出各種以虎
為造型的傳統圖像,以及現今動畫、
繪本中可愛的Q虎。

· 獲財團法人資訊工業策進會頒發「金
典獎」,表彰本館參與「數位典藏與
數位學習國家型科技計畫」,結合宗
教與藝術等各項臺灣文化典藏與創意
相關活動的貢獻。

二月

· 舉辦「迎春跨宗教祈福交流茶會」,
創辦人心道師父與各宗教代表以虔敬
優美的宗教禱詞,為臺灣社會及世界
人民祈禱。

三月

· 「2010蘭州職業技術學院交流參訪
團」參觀本館。

· 舉辦「2010年度生命教育議題─器官
捐贈與安寧療護種子教師研習營」。

教師研習營合影▼

· 天主教亞洲真理電台馬尼拉總部中文
部主任劉麗君修女參觀本館,盛讚宗
博館是現代人最佳的倫理教學場域。

· 推出「幼兒生命教育教師研習」,為
幼教老師提供多元的生命教育研習方
案。

四月

· 美國邁阿密「美洲日報」、巴拿馬「巴美日報」副刊雜誌、德國「漢諾威廣訊報」以及捷克「權利報」等報主編與記者一行參觀本館。

國際記者參訪▼

· 長庚技術學院來館進行安寧護理課程教學。

· 林德福立法委員、臺北縣陳鴻源副議長、周中元市民代表、里長聯誼會許展榕總會長，以及永和市里長參觀本館。

五月

· 亞洲天主教主教團來館參訪及交流東亞女性議題。

· 永和市公所邀集地方仕紳參訪本館，此次參訪活動突顯宗博館回饋鄉里、與各界交流的功能。

· 參與「2010年518國際博物館日」—「文化資產保存與社會和諧」系列活動。

· 中國博物館理事學會張柏理事長、日本青商會，以及大陸高中小學校長團來館參訪。

· 舉辦生命與科技倫理種子教師研習營

六月

· 世界宗教博物館與浙江舟山市及普陀山風景名勝區管委會，共同簽署文化交流合作協議，開啟兩岸觀音文化、藝術交流互動第一步。

與普陀山簽署合作協議▼

· 心道師父於世界宗教博物館接受美國紐澤西西東大學亞洲研究學榮譽退職教授－Deborah A Brown女士訪問。

· 香港生命提昇慈善基金會來館交流。

· 國立政治大學暨CIEE聯合華語文教學研討會貴賓來訪參觀。

七月

· 俄羅斯聖彼得堡大學學生參訪本館，以哲學的眼光，體驗宗博館「尊重、包容、博愛」理念，探索宗教與生命的連結。

· 世界宗教博物館主辦「雙和人—我們的土地、我們的家」於中央圖書館臺灣分館雙和藝廊開展。展期至7月25日。

· 世界宗教博物館年度特展「祖靈的國度－原住民信仰文化特展」開幕，本次特展規呈現原住民渾然天成的神靈（精靈）世界，讓大眾理解、尊重臺灣原住民傳統文化。展期至9月19日。配合本展，館方推出原住民生活體驗一日遊、藝文教師研習、兒童親子夏令營、豎笛音樂會、藝術家工作坊、專題講座等活動。

· 世界宗教博物館特展「鄒族男子會所（庫巴kuba）」開展，展期至2011年1月19日。

庫巴kuba模型▼

· 世界宗教博物館「跨越與連結—臺灣與南島文化國際攝影」開展。

八月

· 本館第四度獲行政院文化建設委員會頒發「文馨獎」金質獎，肯定宗博館推廣宗教文化、生命教育的貢獻與影響力。

· 蒙古國會秘書長沙拉弗多傑（Mr. Sharavdorj Tserenkhuu）來館參訪。

· 舉辦「生命之旅－珍愛生命研討會暨生命領航員聯誼會年會」。

- 世界宗教博物館發展基金會連續第九年榮獲內政部頒發「民國九十八年度寺廟教會捐贈興辦公益慈善及社會教化事業績優表揚」團體獎。

九月

- 「華嚴全球化論壇」暨第七屆世界佛教僧伽青年大會年會與會人士參訪本館。

- 中南美洲藝文記者團參訪本館，盛讚宗博館為世人帶來身心靈的充實，對人類有重大貢獻。

- 舉辦「牧神讚歌：印度舞表演暨講座」活動。

十月

- 泰國僑領林施紅霞女士來館，讚許宗博館的教育意涵，並祈願宗博館不斷成長、永續經營。

- 瑞士耶穌會神父Toni Kurmann SJ宗教文化參訪團參訪本館，體驗東西靈性交流。

- 外交部非政府組織國際事務委員會吳榮泉副主任委員來館交流。

- 推出「米洛可變裝秀」創意DIY比賽。

十一月

- 西班牙「加利西亞國際研討所」所長Mr.Xulio Rios Paredes及「美聯社」駐宏都拉斯特派員Mr.Freddy Cuevas Bustilloxu來館參訪。

- 行政院新聞局記者(西班牙組)來訪。

- 世界宗教博物館「慈悲自在—遇見觀音」特展受邀參與於浙江省舟山普陀山舉辦的第八屆中國普陀山南海觀音文化節展出，為兩岸宗教、文化與觀光開啟相輔相成的嶄新格局。

- 世界宗教博物館開館九周年，舉辦「宗風論壇」、「捐more愛more」「歡樂集點卡」等活動。

- 世界宗教博物館兒童館「愛的森林」新裝開幕，特舉辦彩虹派對「米洛可變裝賽」走秀表演。
- 駐臺北以色列經濟文化辦事處文化組組長柯莉蓉（Liron Sagi-Cohen）女士來訪。

柯莉蓉組長（左一）▼

- 邀請接受「別讓大水沖斷上學的路—八八水災安家助學方案」補助嘉義地區原住民學童來館參觀。
- 獲教育部頒發「社教公益獎」。
- 世界宗教博物館與「愛與和平地球家」（GFLP）共同舉辦「和平Young Touch」的活動，廣邀全臺大專青年，與不同宗教的朋友分享彼此的觀念與價值。
- 九十九年度本館舉辦「全國性幼兒生命教育種子教師研習」。

十二月

- 俄羅斯科學院東方研究所所長V.Naumkin及副所長Ramazan Daurov參訪本館。
- 印度婆羅浮屠基金會會長Mr. Dormono來館參觀。
- 「大廟興學」領袖暨志工團體參訪本館，開拓全球視野。
- 推出「青春不設限」專案，為高中生量身打造另類體驗活動，激發年輕人的創意與團隊精神。
- 推出「跟著米洛可遊印度」寒假幼教安親優惠活動。提供「不可思議的印象之旅~」、「兒童館~愛的森林尋找奇幻獸」兩種行程，以及「生命好好玩偶戲團」、「頑皮不搗蛋」創意DIY。

2011

一月

- 於太平洋百貨雙和店B1誠品前廣場舉辦一月份壽星慶生與偶戲表演，迎接民國一百年。
- 舉辦志工新春團拜，江韶瑩館長發新春紅包予宗博志工。
- 舉辦「神話與傳說」專題講座。

· 世界宗教博物館「福到人間」開展，展期至3月26日。

「福到人間」展場▼

· 法門寺博物館前館長韓金科教授前往靈鷲山無生道場拜會心道師父，並參觀世界宗教博物館。

· 推出「性愛與婚姻倫 研習營。

二月

· 京劇名伶夏華達來山拜會心道師父。

· 靈鷲山佛教教團於世界宗教博物館舉辦祈福茶會，副總統蕭萬長、各宗教代表與心道師父共同為紐西蘭震災災民及地球祈福。

真心和諧券推廣合影▼

· 世界回教聯盟秘書長涂奇博士(H.E. Dr. Abdullah bin Abdul Mohsin Al-Turki)率團參訪世界宗教博物館，並與心道師父會晤交流。

· 香港教育局所主辦之「協助小學生命教育計劃」，包含團長何榮漢博士、高慕蓮博士與七所學校校長、二十四位主任來館觀摩交流。

三月

· 世界宗教博物館舉辦「春天玩藝遊雙和」親子故事列車活動，首站於捷和生活家社區舉行。

· 世界宗教博物館特展「墨西哥瓦曼特拉 聖母‧聖像‧花毯」開展，邀請民眾參與戶外「遠境花毯」製作。並推出「大Fun墨彩」特展教育活動，規劃一系列專題演講、藝術家工作坊、親子活動、創意市集、教育教師研習等。展期至9月18日。

四月

· 慶祝兒童節，舉辦說故事《國王駕到》及戲偶DIY活動。

· 一行禪師與心道師父於世界宗教博物館共同舉辦「不是看我」禪書法聯展。展期至5月29日止。

· 梅村禪修中心弟子來館拜訪心道師父，並參觀「不是看我」禪書法聯展。

五月

· 「臺北市迎新會」各國駐臺使節夫人一行在外交部楊進添部長夫人陪同下參訪本館。

駐臺使節夫人參訪▼

· 靈鷲山佛教教團、世界宗教博物館與山東泰山風景名勝區管理委員會簽署文化交流合作協議，締結兩岸宗教文化、藝術交流的妙善因緣。

· 舉辦「五月媽咪逍遙遊」活動，只要在購票時講出通關密語「五月樂媽咪，聖母我愛你！」，即可享有兩人同行一人免費參觀優惠。

· 臺灣聖公會賴榮信主教帶領教友參訪本館。

賴榮信主教（左四）▼

· 心道師父陪同普濟寺方丈同時亦是普陀山佛教協會會長的道慈法師，以及浙江省舟山市市長周國輝與普陀山法師等一行人參訪本館。

· 周大觀文教基金會創辦人周政華偕第十四屆周大觀全球熱愛生命獎得主美國「無腿英雄」史賓瑟・維斯特（Spencer West）、阿根廷「清道夫律師」伊爾雅特(Marcelo Fernando Iriarte)及臺灣「無腿輪舞天后」何欣茹等來館參觀。

六月

· 天主教臺北總教區洪山川總主教在墨西哥駐臺北代表處慕東明處長陪同下參觀「墨西哥瓦曼特拉聖母·聖像·花毯」特展。

· 泰國駐臺北辦事處副代表Miss Wanthanee偕其友人參觀世界宗教博物館及「墨西哥瓦曼特拉聖母·聖像·花毯」特展。

· 香港「心靈教育一學與教的終極關懷計劃」二十五位香港中學的校長與教師來館參訪，並交流推動生命教育之經驗與心得。

· 推出「臺灣宗教建築縮影系列－萬金聖母聖殿」特展，並舉辦祈福遶境遊行。展期至9月18日止。

七月

· 世界宗教博物館協助中華民國宗教與和平協進會舉辦「第十二屆宗教與和平生活營」，安排生活營學員參訪世界宗教博物館。

· 舉辦「生命教育與跨宗教靈修」教學資源研習。

· 世界宗教博物館與永和太平洋百貨合辦舉行「橘子妹妹慶生會」活動。

· 中國廈門閩南佛學院僧眾參訪團在院長聖輝長老帶領下參訪世界宗教博物館，體驗宗博館「尊重、包容、博愛」理念。

八月

· 舉辦「生命教育與跨宗教靈修」教學資源研習。

· 世界宗教博物館為慶祝8月15日聖母升天節，於14日免費提供親子同遊共賞「墨西哥瓦曼特拉－聖母·聖像·花毯」特展。

· 中國陝西西安大慈恩寺方丈，亦是中國佛教協會副會長增勤法師來臺以「秦磚」、「漢瓦」祝賀世界宗教博物館十週年慶。

· 來臺參加「823金門敲響和平鐘」外
國友人，在行政院新聞局安排下參觀
世界宗教博物館。

九月

· 比亞盧薩卡國立博物館（Lusaka
National Museum）民族學研究員
Charity Mwape Salasini、荷蘭
兒童熱帶博物館（Tropenmuseum
Junior）研究員Liebet Ruben 來館
參訪。

· 大陸北京首都博物館考察團來館進行
參訪，並進行雙方交流展覽之工作會
議。

常務副館長郝東晨（左一）▼

· 湖南省非物質文化遺產專業人士交流
訪問團來館進行參訪。

尊重每一個信仰、包容每一個族群、博愛每一個生命

認識世界宗教博物館

整理 | 出版中心

　　世界宗教博物館於2001年11月9日正式開館,其以「尊重每一個信仰、包容每一個族群、博愛每一個生命」為理念,期盼建構一個「愛與和平」的世界。

　　世界宗教博物館位處新北市永和區,藉由博物館典藏、研究、展覽、教育活動,以及積極推動生命教育,不僅增進觀眾對世界宗教文化的認識與欣賞,並使世人理解與珍惜生命的真諦與價值。

　　在世界宗教博物館兩層樓的展示空間,展示包括佛教、基督宗教、道教、伊斯蘭教、印度教、猶太教、神道教、錫克教、埃及、馬雅與臺灣人的信仰外,並以多媒體方式呈現宗教的內涵與本質,呈現宗教帶給世人的影響及寄託。

　　開館十年來,世界宗教博物館因應社經環境的轉變,展示內容順應潮流不斷推陳出新。2003年7月推出「世界宗教建築模型」常設展,透過仿真之宗教建築模型,使參觀者無須長途跋涉,便能遊覽著名宗教聖地,領略世界宗教文明與精神;2005年1月開幕,2010年11月改裝的「兒童館」,則是一個以「生命教育」為主題的展覽空間,透過「愛的森林」旅程,讓孩童們從遊戲中發現愛、體驗愛。

這些展示與設計不僅豐富館藏內容，更將教育向下扎根，讓各階層的參訪者，都能適切地學習到宗教的真諦，理解生命的意義。未來世界宗教博物館將持續秉持「尊重、包容、博愛」的理念，讓所有參訪者都能在此尋得宗教的愛與心靈寄託，體會生命真善美。

電梯—通往光明的樞紐

參觀者一踏入專屬電梯，便身處於一個不斷流洩出聲音的空間。電梯中的音效設計配合著燈光效果，轉換了參觀者的情緒，使其產生一種上升至另一片天地的感受。將一切塵囂拋於腦後，帶著純靜身心進入世界宗教博物館。

淨心水幕

「淨心水幕」是一片由自然光線照亮的水牆，參觀者可將雙手觸碰水牆，藉此洗滌、淨化過去蒙受的污

染，洗去那些阻礙他們轉化重生的雜垢宿罪，回歸純真潔淨的本心。

朝聖步道

「朝聖步道」是一條六十三公尺的步道。「我們為什麼懼怕死亡？」等人生課題，藉著聲光特效投射在步道旁的牆柱上，另一旁則有朝聖者群像，在其陪伴下，參觀者可以一路思考生命的課題，找尋答案。而在步道盡頭，有一面特別設計的熱感應牆，可在牆上留下手印，藉此觸及過去、未來。

金色大廳

　　「金色大廳」係以人的靈魂之窗—眼睛為設計概念，希望參觀者張開雙眼、打開心門。大廳的上方是浩瀚的星辰，在地板上，則是一個結合世界上各宗教傳統圖像、色彩、材料和圖案打造出來的迷宮圖騰。在西方傳統中，走迷宮的過程即代表著一種對「真理」的追尋。大廳的中央有兩根鑲嵌金色馬賽克的大柱，其上以十四種語言呈現「愛是我們共同的真理、和平是我們永恆的渴望」的句子，揭示宗博館的創館理念。

宇宙創世廳

　　參觀者在此可觀賞到一部探索大

自然混沌初開，以及宇宙無常循環為主題的影片，希望能啟發觀賞者對生命的省思，了解各宗教的創世觀。

生命之旅廳

　　整個展示廳分成「初生」、「成長」、「中年」、「老年」、「死亡及死後世界」等五大區域，各個區域都有代表該生命階段的禮儀文物、多媒體影片，參觀者可藉此了解各宗教對人生各階段的禮讚與傳統。

生命覺醒區

　　大型螢幕上循環播放著知名人士、宗教領袖見證生命的現身說法，牆面上則布滿事蹟紀錄。參觀者可在此自由地留連、思考，從中獲得啟示，讓自己對生命有更深層的領悟。

靈修學習區

「靈修學習區」有三面環伺的大型影像螢幕，觀眾可以坐在展場中間的平臺上，欣賞包括佛教禪坐、道教楊氏太極拳、基督宗教祈禱、印度教瑜珈、伊斯蘭教禮拜及猶太教祈禱等六個宗教的冥想祈禱影片，以對靈修作深入探討。

華嚴世界

「華嚴世界」設計概念來自佛教《華嚴經》中「一即一切，一切即一」，表達各宗教與生命間共通的智慧與本質。展場外觀仿若懸在半空中的球體，透過180度特製的投影設備及立體音效，使身處球體內的參觀者身歷其境，體驗華嚴世界的精神。

世界宗教展示大廳

世界宗教展示大廳運用多媒體技術，作為裝載大量宗教相關知識的重要工具，試圖將「宗教」此一抽象主題的展示，表現得更為活潑、具體。展示的宗教包括佛教、基督宗教、道教、伊斯蘭教、印度教、猶太教、神道教、錫克教、埃及、馬雅與臺灣人的信仰。

每一個宗教展區包含宗教文物、地板圖騰、展版文字、影音電視牆與多媒體導覽系統等多種元素，參觀者可藉此一探多面向的宗教知識，體認各宗教信仰間的共通性與存在價值。

世界宗教建築縮影

世界宗教建築模型展選取位於法國的天主教夏特大教堂、莫斯科近郊的東正教聖母升天堂、臺中的基督教路思義教堂、耶路撒冷的回教聖石廟、印度阿姆利則的錫克教金廟、印度卡傑拉霍的印度教坎德里雅濕婆神廟、

日本三重縣的神道教伊勢神宮、中國山西的佛光寺大殿、印尼爪哇的南傳佛教婆羅浮屠以及捷克布拉格的猶太教舊新會堂等十座具代表性的宗教建築,十座模型以比例一比三十或一比五十的尺寸製作,模型內部裝置迷你攝影機、內視鏡,參觀者可細窺十座建築模型內部構造、繪畫、雕刻等實景,藉此一探宗教的深遠知識與藝術風格,進而體認到各宗教信仰間的共通性與價值。

感恩紀念牆

宗博館是第一座由平民百姓善資完成的博物館,感恩紀念牆上布滿贊助者的名字與手印,以此致上館方最高的感恩與銘記。

祝福區

參觀者可在此碰觸牆上的手印,螢幕上將會出現祝福之語,希望每一位參觀者在結束參觀行程

後,能對本館「尊重、包容、博愛」的創館理念有所體會,並帶著祝福離去。

兒童館

兒童館「愛的森林」是專為三到十歲孩童設計的親子主題館,是一個以「生命教育」為主題的展覽空間,館內精心設計了「愛的森林-尋找奇幻獸」的遊程,奇幻獸化身為「愛」,讓小朋友在尋找奇幻獸的旅程中,認識愛、體驗愛。

兒童館的設計著重於感官的互動以及情意認知。小朋友可在館內尋找隱身於森林中的小動物,聆聽森林的悄悄話;或是對著海芋說說話,嗅聞奇幻獸獨特的氣味,也可以親手感受不同動物的皮毛觸感。

在森林的深處，超尺寸的奇幻獸爺爺等候著每位來訪的觀眾，小朋友可以鑽進它的肚子裡小憩一會兒，也可以透過奇幻獸爺爺的眼睛看看不同的世界。這裡還有一本可以騰空翻閱的電子奇幻書，記載著愛的森林大小事，讓孩子們更瞭解愛的真諦。此外，彩虹女巫也會定期來到「愛的森林」，為小朋友講述生動、有趣的故事，並進行帶動唱、創意手工DIY活動，讓參與的親子一同遊戲、聽故事，留下美好的回憶。

特展室

為增加展覽的多元性，作為常設展區之補強，宗博館六樓設置兩間特展廳，合計約三百坪的展覽空間，並配置一間多功能教室，可舉辦小型研討會或教育活動。自開館以來，宗博館即保持活躍的策展狀態，規劃多項精采的特展。未來，期許能展示更多宗教傳統的豐富與精微之處，使來館的觀眾，在參與博物館各項活動時，相互學習到彼此的經驗，把這些智識運用於日常生活之中，以為世界和平與美好服務。

禮品部 / 咖啡廳 / 餐廳

宗博館七樓設置禮品部、咖啡廳及餐廳，參觀觀眾可在此稍作休息，喝杯咖啡，享受片刻的寧靜時光。禮品部提供本館典藏文物的複製品，各宗教具代表性的聖物禮品，以及多樣的文創商品，為收藏各宗教文化之美的最佳選擇。

附錄
Appendix

PREFACE

The doors to goodness, wisdom and compassion are opened by the keys of the heart.

My three wishes for the MWR on the 10th anniversary

by Dharma Master Hsin Tao (MWR Founder)

The most important meaning on the tenth anniversary of the Museum of World Religions is to create the peace gene for "respect, tolerance, and love." Extending from the civil society a power of awakening life, we hope that a social movement can gradually be inspired from religious, academic, and other fields. This power for peace is the most valuable spirit of MWR, which leads us to a path towards tranquility, transforms conflict with peaceful energy, and stop the cycle of hatred.

When it comes to the origin of MWR, it can be well described by the sentence, "The doors to goodness, wisdom and compassion are opened by the keys of the heart." It is the method that the fourth ancestral founders of Zen, Daoxin, used to cultivate the heart. MWR provides an open platform for people to better understand themselves and to reflect on the questions -- "What is faith?" and "Why should we have beliefs?" The most important thing is planting the seeds of faith, so that people can have a basis for facing illness and death. In fact, I often say, "Existence comes from differences; harmony comes from sameness." In terms of Buddha dharma, the doors to goodness, wisdom and compassion are opened by the keys of the heart, and are made obvious by consciousness. Zen is the root of Huayan, and Huayan is the fruit of Zen. It can be said that Zen is totally life-enhancing, involving the ideals of enhancing each other and everything!

The devotion of MWR shows the life of Zen, and embodies Huayan as well. Without Zen, how could the ideals of "respect, tolerance, and love" be realized? It is because of the broad lofty Zen that the solemn state of Huayan can be presented. And it is because of Huayan that different religions can coexist prosperously. The fruit of Zen is Huayan, and since it is Huayan, it is the embodiment of heart. Since it is heart, it is omnipresent, meaning that truth is just like flowers blossoming everywhere, and one is all.

Zen culture is the most unique characteristics of Chinese culture. When we see it from the crisis of the modern world, we can find a more profound meaning. "Zen" reflects a cultural value of coexistence. It is not aggressive and conflicting, without opposition and barriers. Instead, it embodies only tolerance, respect, and harmony, reaching coexistence and blending from compassion for all. Zen exists in our lives. It's a kind of attitude towards life -- easy, kind, happy, and considerate of others, anytime and anywhere. There is no established method for Zen; therefore, it can render so many solid aspects and have so great effect that it becomes really valuable cultural virtue.

Looking back on the past ten years of MWR, we see that its success involves the cooperation and gathering of so many people, with beads of sweat shining through ups and downs. My heart is full of gratitude, for all the selfless supporters who contribute their power of protection and caring with no complain and regret. I am also grateful for the surprise and admiration from local and international

communities. With your everlasting support, a record of unparalleled pride has undoubtedly been created for the lush soil of Taiwan's religious beliefs. With humility, we continue to move forward, extending its wonderful merit to the next generation. For the future of MWR, I make three wishes, hoping that with continuing efforts and dedication we can work together for the good of mankind and the peace on earth:

Firstly, may MWR continue to be an open platform for inter-religious dialogue, and solid exchanges and cooperation for peace be promoted.

Secondly, may the University of World Religions for Peace be founded, and international talents be actively cultivated.

Thirdly, may the ideals of MWR be implemented in life education, and be extended to global tranquility movement.

My Heart Glitters in Peace

by Master Shih, Liao-yi (MWR CEO)

With the blink of an eye, 10 years have passed since the Museum of World Religions first opened. When looking back,I find that MWR is just like my own child and I fall short of words for the special feelings I have for her in my heart.

The planning stage of MWR could be said the days of building a dream. I just became a nun and I was very young then, like a newborn calf having no fear of the tiger. With Bodhicitta vows and Dharma Master Hsin Tao's trust, I rushed headlong into the professional area of building a museum. With the Master's expectations on our shoulders, we strived for No.1 in everything: No.1 in exhibition content; No.1 in exhibition design; and No.1 in construction quality. In sum, we carried out this spirit of striving for No.1. I am so confident to tell myself: "Having generated Bodhicitta, what I do is for the benefit of sentient beings. I believe that selfless dependent origination must be the way of Bodhisattva that leads to Buddhahood. "

Regard the origination of MWR, firstly it is because economic prosperity and cultural vitality of Taiwan and faithfulness of young people in general. However, many intellectuals were mentally deranged because of false beliefs, and their worried parents came to see the Master for instruction. From these encounters, the idea of building an "interfaith" museum of rational choice gradually generated.

Secondly, more than 20 years ago the Master had foreseen a world of information explosion driven by the ubiquitous Internet. It causes feelings of stress on the one hand and brings about indifference on the other hand. Therefore, we hope to present positive information of religions by ways of information technologies.

Moreover, dialogues and cooperation among religions are critical to the peace of humanity. MWR is an ideal platform for dialogue, and through this neutral medium we hope to deliver messages of respect, tolerance, and love to contribute to the peace of whole humanity.

Fortunately, under the leadership of Curator Han and Jiang, MWR has laid a solid foundation in its 10 years of existence and gained recognition of Taiwanese society. At the time when Curator Han came, we were extremely short of budget. However, he had the unique insight to choose life education as the focus of promotion and bring about many distinctive exhibitions, such as Architecture Models of World Religions and A Painting A Story. In the following years, Curator Jiang also developed a series of special exhibitions on various religions and folk beliefs from his professional angle.

Concerning the development of the Foundation (Museum of World Religions Development Foundation), at the beginning the Master considered that if MWR is a train loaded with religious ideas, it will need a locomotive to get around. It means a University of World Religions for Peace is needed to supply MWR with the resources of content development. But in reality, funds and other problems have to be taken into account. Therefore, our main tasks at the current stage remain to be interfaith dialogues and international activities, while moving forward to build a University of World Religions for Peace.

In its ten years' international activities, the Foundation has been mainly involved in conferences and activities that were interfaith in nature, and has further expanded its reach to various NGO works, especially global disaster relief efforts. What distinguishes the

Foundation from others is that it calls for religious cooperation in the name of love to relieve the sufferings of sentient beings.

Among various interfaith conferences held by MWR, the most notable and fruitful one is the series of Buddhist-Muslim dialogues. Up to now, more than 10 dialogues have been held, and its origin is related to the 911 terrorist attacks -- the same year when MWR first opened. With the founding spirit of MWR: "respect , tolerance , and love", the aim of Buddhist-Muslim dialogues is to realize love in each other's faith in replacement of fear. Peace comes when there are no wars; was disappear in the world because animosities are eliminated; animosities can be eliminated only on the basis of mutual understanding and respect. As a result, we build this platform of equal dialogue to solve possible conflicts and facilitate mutual understanding and acceptance

among different religions and cultures.

In these ten years, I have found love at work and the joy of learning and growth. As a nun following the Master and the way of Bodhisattva, I regarded the task of building a museum as my ordinary job. Under the division of labor, I thought that in the Buddhist community, I was just in one of the departments among others, such as business department, management department, etc. Various challenges in reality have made me realize the importance of integration, mutual support and trust of different divisions. I also know that it is critical for MWR to quickly establish an independent managing system of its own. Of course, in a society of capitalism, this would be a major issue for all museums. It involves costs of running a museum and high quality facilities for preservation of display materials, and, in addition, the question of religious identity of MWR's initial supporters.

We are grateful to the followers of the Ling Jiou Mountain Buddhist Community who made possible the creation of MWR. They are true practitioners of the Bodhisattva path who set the examples of respect, tolerance, and love, while helping others to fulfill their own beliefs. I hope there will be more people appreciating the true value of MWR and more sponsors with foresight to pass down the wishes of MWR's initial 100,000 supporters-- the realization of the Global Family for Love and Peace.

Gratitude, repentance, and wishes, with so much to say all wrapped up in my peaceful prayer: may MWR contribute more to the world and have more supporters to realize its truthfulness, goodness, and beauty. I shall conclude my reflections with the following brief remarks:

My heart glitters in peace

The Decennial of the Museum of World Religions
With the good of religious devotion
With the beauty of the education on the value of life
With the truth of global dialogues for peace

Its auditorium is the fruit;
its fame the flower;
And the love from all people the humble leaves bending to shade the hopes of sentient beings

Selfless dedication quietly leading
bustling lives and vanity of mind walking toward peace,
toward brightness,
toward the origin of being--
harmonious, content, and infinite

The Museum of World Religions and Me: A Brief Story

by Dr. Han, Pao-teh (MWR Emeritus Curator)

In the blink of an eye, it has been 10 years since the Museum of World Religions first opened. When a museum turns 10 years old, it can be considered an adult, for the museum has established its unique style and gained its social identity. This is something worthy of celebration. Although the process of growing up is never easy, it is full of exciting memories to be cherished.

I did not know how the idea of building a museum of world religions came to Master Hsin Tao's mind. When I was the curator of the National Museum of Natural Science (NMNS), I learned about this news for the first time. Someone told me that the Ling Jiou Mountain Buddhist Society was planning a museum of religions and they would like me to join them. I didn't take it seriously for it might just be an idea. Generally speaking, Buddhist organizations would want to build temples with followers' support. If they want to engage in the society,

they would build schools or hospitals. These projects are supported and praised by general public and are financially independent. But when it comes to a museum, popularity is questionable and its founder has to ensure long-term financing, for no museum in the world can make both ends meet.

However, to my surprise, they had already started the preparatory stage. Some people from the museum circle had participated, including Mr. Chin, the vice curator of NMNS. I was both delighted and curious about the birth of this museum. A short while after, under the instruction of the Ministry of Education I left NMNS and went to Tainan to plan for building a University of Arts. The museum faded from my memories in busy life. A few years later, the plan for the university was roughly completed and I served as the principal. I was always on the run but often worked at the office in Taipei. Miss Ming-mei Ling, a former secretary at NMNS, joined the planning work of the Museum of World Religions (MWR) and introduced me to the Ling Jiou Mountain Buddhist Society. Master Hsin Tao was very kind to honour me with his presence at my office. He explained to me his ideas and hoped that I could lead the project. I was deeply moved. However, because the university's preliminary construction was to be finished, after attending their two meetings I refused the offer politely.

Through this contact I came to know the following facts:

1.Master Hsin Tao has a sublime idea for the museum and a broad-minded attitude to introduce to the public the common values of different world religions. It is not an ordinary museum of religious collections, and therefore its exhibition content and design need a lot of care.

2.The space offered by the donor is on the 6th and 7th floors of a commercial building. Without an architecture image as its sign, the museum is hard to be noticed. Inconvenience of entry and exit is also a problem.

3.With an international perspective, Master Hsin Tao has a high expectation for the museum. Therefore they work with distinguished foreign design companies and advisers. However, it is possible to lose grip on local people.

4.Religious communities often lack the concept of rule of law. The advantages are monks and nuns' devotion and strong will. But they often lead the team by what they feel, so it is not easy to develop strategies appropriately.

I tried to help improvie the architecture image and the flow of entry and exit, for which I made a proposal. However, it was

not accepted by the space donor. Hence I withdrew from the planning work. Later on I heard that the preparatory office once had an American curator as its director and they chose the proposal of Ralph Appelbaum Associates (RAA), a museum exhibition design firm. I was glad that this museum was about to be opened.

In 2002, I retired as the principal from Tainan National University of the Arts, but still taught at the Graduate Institute of Conservation of Cultural Relics and Museology. I took the students to visit MWR after it was opened. I found out that the quality of its exhibition design was very high, which might be difficult to communicate to audience though. At the time, the position of curator was still vacant. Since I had retired from school, they invited me to be the curator. I agreed to it and set aside my project of aesthetic education.

The MWR I took over is the team led by the CEO, Liao-yi Shih. The achievement of RAA's professional design had far surpassed my expectations. A few years ago I had seen the plan of an English designer. It had more dynamics but was without a liberal view a museum of religions should have. Be it traffic flow or space arrangement, RAA's design properly grasped the principles of traditional Chinese culture, and its structure of exhibition was therefore satisfying.

However, a museum cannot rely too much on its hardware. I knew that Master Hsin Tao wanted me to make up for shortcomings of this new museum and to create a system of management. Therefore the first thing I did here is to build the authority of curator. This is the source for efficient management, because multiple leaderships can accomplish nothing. MWR is an affiliated organization of the Ling Jiou Mountain Buddhist Society; however, it has to operate independently.

Monks and nuns should not instruct MWR staff whenever they want as to affect the staff to perform normal tasks. To concentrate my efforts on MWR, I resigned from the Museum of Contemporary Art (MCA) Board of Directors.

It only took me a few days to understand what it meant to "make up for shortcomings." A feeling of emptiness was in this wonderful exhibition structure. On the one hand, there were things that should be completed but they were not, such as the software of the Globe's Theatre. On the other hand, some designs were empty by themselves, such as the Great Hall that introduced the world's major religions.

The original plan of the globe-shaped "Avatamsaka World" was an interactive program. This preliminary attempt was totally hypothetical. It couldn't attract audience or create deep impressions. I talked to them and knew that little could be done. Therefore I decided to terminate the contract and made an attractive short film by using the advantages of a global screen. Even with limited budget, there would be chances to improve the quality of the program later on.

The Great Hall of World Religions skimmed over the teachings of different religions. This did not add to its attraction and left no deep impressions. After a long deliberation, I decided to use central space of the Hall for exhibitions of "Architecture Models of World Religions." Architecture is a concrete symbol. Only when various religious buildings are brought together will the audience be interested.

As for independent operation, shortly after I came here, I knew that the number of visitors would not meet the expectations of monks and nuns. Hiring too many staff was not good for long-term management.

I reduced the staff and divided them into two sections: museum collections and educational promotion. These two sections were included in the general office. I also moved the curator office from the Foundation to the Staff Area and redivided the office space. I would like to work and live with everyone here.

To carry out the spirit of MWR in concerted action, we have to place audience in our heart by appealing to our missions and goals. According to Master Hsin Tao, the central mission of MWR is "love and peace." However, people find it hard to understand the meanings of placing various religions under one roof. I pondered for a good while and decided to define MWR's social mission as "life education," a policy promoted by the government. This mission brought us together and accordingly concrete proposals could be made.

MWR's ideal is too high, its exhibit content abstract, and its taste refined. It is a typical upper class museum for minority. But since the main task of a museum is to serve the society, adjustment has to be made. The purpose of "life education" is to work with secondary and primary schools to arrange museum tours for students to learn about life. It won't be easy, because children are not the target audience for the exhibition design. How can we maintain its refined taste while still making it informative? I decided to have an exhibition on life education for the children, which was later known to be "Kids' Land: A Quest for Miracle in the Loving Forest." As far as I know, the exhibit is still one of the popular areas of the Museum today.

Within the last few years in my work, I had been trying to turn the several hundreds of thousands of people who supported building MWR into our basic audience.

For this goal, I hired Bao-shiang Shih as the director of educational promotion and full-time staff to carry it out. But the result was not very good. I found out that the tie between MWR and the followers of the Ling Jiou Mountain was very weak. There is a great gap between religious faith and religious idea. MWR's audience is the general public.

Limited by space and budget, I could do nothing to help MWR move forward. I didn't choose to leave earlier because of friendship with my colleagues. But I see that the current MWR has a symbolic meaning in the world. Its current exhibits are close to the level of milestone. But to bring MWR to a great height of development, it will need more space and funding to rethink about exhibitions and collections that a life education museum should have. I think it is something worthy of being expected.

We can even remodel the main exhibition area a few years later. I hope to see moral education conducted by various world religions under Master Hsin Tao's guilding principle. The fundamental spirit of religion does not change during the course of time. However, in the world of democracy and human rights, religions have to make adjustment in teaching us peaceful coexistence and how to be a decent person. I even think that we can have exhibits on rituals of self-examination in different religions. These exhibits can be informative to people of various faiths and raise our awareness of life.

MWR should expect itself to continue the efforts to bring love and peace, the spirit of religions, into people's daily life. This may be the way to go.

Inheritance and Innovation

by Jiang, Shao-ying (MWR Curator)

The Museum of World Religions had the official opening operation on November 9, 2001, and before the opening, it had undergone a decade of preparation. During the long preparation period, it was grateful that I met Master Hsin Tao and became attached to the preparation team, so I could fully understand Master Hsin Tao's idea about the Museum. Although Master Hsin Tao is a Buddhist, and what he led is a Buddhist group, what he really hopes is that through the Museum a bridge of spiritual dialogues can be formed among the external potential viewers and followers, and the world, so that the general public can see the goodness of every religions, with open-minded Buddhists or Buddhist groups, and across a single religious restrictions. It can be said that Master Hsin Tao hopes that the world can overcome a single religion restriction, get to see different religions with open mind, recognize the truth, goodness, and beauty of every religion, and understand the common belief of each religion -- peace. And the key to achieving peace is "love": love for yourself, love for mankind, and love for all life. Namely, what it means is "respect, tolerance, and love," the founding purposes of the Museum of World Religions.

In general, Museum's exhibits are mainly static, but the Museum of World Religions pursues not simply the display of relics of historical value, but the performance of culture, art, rituals, scriptures, music and other aspects of religious pluralism and diversity. And the theme, meaning, significance, rather than rigid historical value, of the exhibition are emphasized. Take the Buddha exhibition for example. Generally speaking, most Museums will present only Buddhist art, while the story, life, and wisdom of the Buddha are often ignored. This way, the exhibition may only be limited to simple physical impression of the artifacts, let alone inspiration and touching the audience can get from them.

The Museum of World Religions is facing a new era, so when it comes to the way of exhibitions, the theater, multimedia, ceremonial space, etc. are utilized to reflect the spirit of religion. Based on different cultural background and through a variety of display methods, ceremonial space is a path to reconstructing the religious context and meaning of artifacts.

In terms of the theater, it can be categorized into the traditional one and the lively experience one. For example, the puppet show is the former, and a "Meditation Gallery" the latter. And the most important feature of the Museum lies in the flexible use of various media for presentation, such as the spherical projection of "the Avatamsaka World", and the vertical TV wall of "the Great Hall of World Religions," which are both major breakthroughs concerning the use of media technology. In addition, the Museum's "Hall of Life's Journey," which displays artifacts and media images from birth, growth, middle age, old age to death and the world after death, is a place

where the audience can get to realize major religious life rituals, and further meditate on what people can do for religion.

Shortly after the Museum of World Religions opened in 2001, Mr. Han, Pao-teh became the first curator (now the honorary curator). At that time, he proposed a new spatial planning view for "the Great Hall of World Religions " because he thought the Museum was too static, and since the Museum was mainly a place for lively experience, it was necessary to enrich the media. Hence he presented the exhibition plan for "Architecture Models of World Religions."

In fact, as early as the beginning of the preparations for the Museum of World Religions, discussions and planning for different religious sites, rituals, architectures, etc. had been made. The original wide space of the central hall of world religions was designed to be a place for religious ceremonies, and for meetings or activities of small religious groups, such as the religious weddings that had been held shortly after the Museum started to operate. However, after

the Architecture Models of World Religions became permanent, the original plan must also seek other development. After I received the post of curator of the Museum in February 2009, I have been actively looking for reinforcement, with the hope of not only making the Museum a place for displaying the major ten religions, but also creating space for showing and holding activities for the original religion, ancient religions, and religious ceremonies.

Currently, the Museum of World Religions stresses its relationship with the community, and operates with both local and international field of vision, looking forward to increasing six-thousand new customer groups a year. In terms of community-based aspect, we plan for Yonghe residents special visits on Tuesdays for free, and actively organize religious ceremonies for mourning the dead in the community. Moreover, we visit the organizations, schools, and shops in the nearby community, and also hope to interact with the new residents in Korea Street, Thailand Street, and Burma Street in the future. Since they are the objects of the future development for the Museum, we

hope that they can recognize the value of the Museum, and the Museum can get close to the local people's lives there. Besides, we also cooperate well with schools around the Museum, and hope that this model can be extended to schools in New Taipei City and Taipei City, and even schools at all levels all over Taiwan, so that the Museum can receive more attention.

As far as localization is concerned, the Museum's exhibitions this year, such as the special exhibition of "Huamantla, Mexico Flower and Sawdust Carpet," and the "Wanchin Basilica" exhibition, had successfully attracted many local Catholics to take a visit. For successfully holding the "Wanchin Basilica" exhibition, an additional display area in the seventh floor was set up to introduce the missionary contributions the Western Dominicans have made in Taiwan. In the future we intend to introduce exhibitions about new religions in Taiwan, bringing the view back to the local. Hopefully in this way, the local residents would take the Museum as their neighbors, for our religious exhibitions and activities are getting closer to their lives, connecting their love for religion and their religions with their life experiences.

In addition, the Museum of World Religions is a faithful good-financing contributions by the believers and followers, but since its official opening till now for a decade, the number of the original hundreds of thousands of believers and followers who came back to visit it has not been very high; therefore, how to attract them to come back and continue to care for the Museum is where the Museum has to make a breakthrough. In order to increase their will and interest to visit the Museum, I adopted some measures. For example, for every study activities of the Museum, 5% of the number of persons allowed is retained for them; besides, many small special exhibitions are also arranged to be held in the lecture halls of all the branches of the Ling Jiou Mountain Buddhist Society. Also, each time in the board of honorary directors, the Museum's missions and visions are constantly emphasized, with the hope of forming a close relationship between the believers and followers and the Museum. We hope that they can get closer to the Museum and have a deeper understanding of it.

As for internationalization, this year the Museum cooperates and interacts with the Beijing Capital Museum, with the main theme for the display of Buddhist art. And the Museum will also hold a special exhibition in the Mainland China, mainly to introduce the features of Taiwan and Taiwan's aboriginal culture, which may also be on display in other parts of the world. The value of internalization lies in the huge media effect. Through reports by foreign media, we hope that the domestic media and Taiwanese people can turn to re-recognize the Museum of World Religions of Taiwan.

In addition to interlibrary exchange, I think, in the constraints of time, space and operating cost, the permanent exhibition is not easy to change. So to increase the rate of visits, the only way is to hold special exhibitions more, for at least four times a year. And this strategy has also received preliminary results, for in this two or three years, the Museum visitors, and even the number of Facebook fan groups have increased significantly.

With regular special exhibitions, not only can Museum visitors be increased, but some new religions and regional folk activities can also be introduced through small special exhibitions, so that people can see and meet other races, regions, and religions, and get to realize how some people are dedicated to their own beliefs with their life and their most precious art.

In recent years, especially after the flood in 2009, a large sum of donated money has flown into the disaster area. And because of the global financial crisis, the expected donations from the society decrease quite a lot. All these social and economic changes are sure to have a negative impact on the operating budget of the Museum by the Ling Jiou Mountain Buddhist Society, which is a great operating challenge for the Museum, and I am eager to find the financial solutions.

Faced with these difficulties, I had to streamline the manpower, with the personnel policies of not hiring new member even if there is a post vacancy, and the employee benefits are increased. Meanwhile, we seek government subsidies, and in 2010 only,

9.6 millions was obtained, which in some way can make up for the financial gap of the Museum. And because visitors have to buy a ticket to enter the Museum, the Museum is regarded as a profit-making institution, so it must pay profit tax, value-added tax and other related taxes, and this is undoubtedly an additional burden for the operation of the Museum. Therefore, I managed to separate profit and nonprofit operational parts of the Museum in order to save taxes, and annually about one million dollars of tax burden can be eased now.

As to the tickets policy of the Museum, because the Museum carries huge burden of operating expenses each year, it was suggested that free tickets policy may be adopted to increase visits to the Museum, so that it can also be removed from tax burden. But in fact, once free tickets measures are carried out, more administrative burdens are expected, such as artifacts safety management, access control security management, visits security, and so on. Free tickets measures may be bound to bear higher operational risk than paid-to-visit model; therefore, not only now, but in the foreseeable future, it is not likely that the Museum will adopt free tickets policy.

This year marks the tenth anniversary of the operation of the Museum of World Religions. As the development of any Museum is long-term in nature, it can not be transformed suddenly on the anniversary, but must be based on the ideals of the Museum through gradual transition. Over the next decade, the Museum will continue to develop under the three axes of community-based operation, localization and internationalization.

For me, the post of curator is a duty, and a commitment to Master Hsin Tao that the Museum of World Religions will keep the original ideals, always promoting love and peace. In addition, I hope that with the Museum of World Religions, the views and expectations of the master can be strengthened gradually and be introduced to more people in the next decade. At present, the Museum of World Religions has received international attention. Many countries have planned to imitate it to construct their Museums of religion. And

I think this really shows its success and achievement.

壹顆心・零距離

Exhibitions and Collections of the Museum of World Religions

by Zhuo, Jing-mei (Chief of Curatorial Department)

The management system of the Museum of World Religions is composed by a Buddhist community and a professional museum team. It is somehow different from other museums and can be said to be an organization born out of its missions. With this spirit are infused the two basic functions of museum, i.e., exhibitions and collections, MWR's influence cannot be underestimated and it presents a challenge to the profession. ICOM (the International Council of Museums) defines a museum as: "anon-profit making, permanent institution in the service of society and of its development, and open to the public, which acquires, conserves, researches, communicates and exhibits, for purposes of study, education and enjoyment, material evidence of people and their environment." It can be seen that completion of an exhibition space does not mean the whole thing; it is rather a "point of contact" that brings together planning concepts, management, educational events,

and audience experience. On the other hand, the process from involving in museum profession to opening to the public in service of society represents the concept of teamwork. The two functions, "exhibitions" and "collections," were made into one department at MWR. Our department has been playing the role of "point of contact" in these years; it is an arduous but honorable task.

A basic concept of MWR shall be explained before we go further. "World" means care for mankind as a whole and a global vision; "Religions" are important experiences and spiritual values of human societies; "Museum" is a junction of social and aesthetic education. These three components embedded in the three dimensions of founding spirit, exhibition content research, and exhibition planning and develop a unique atmosphere for MWR: a strong humanistic spirit. MWR designs its tour and creates surrounding atmosphere based on "audience experience," which is like an intriguing storytelling moment that waits for audience's exploration of knowledge, truth, and themselves out of their thirst for knowledge and curiosity. In other words, an exhibition bears the traits of emotions, education, and interactions. During the ten years, we have been trying our best to let exhibition entries tell their stories in order to spread the seed of love and goodness. It sounds idealistic, but by taking one step at a time, the seeds will still grow. The following is a briefing of the changes and works concerning MWR's exhibitions and collections in recent years.

Changes of the permanent exhibition area

After its formal opening, MWR's original exhibition design entered into a test period. Mr. Han, the first curator, partially modified the exhibition area and its function in order to adjust it to the need of Taiwanese audience. With the support of strategic use of educational promotion, a certain "idealistic" designs and contents can be brought to audience of different levels to maximize their potential to the fullest. As a result, more Taiwanese audience are able to experience profoundly their tours to the Museum. Those changes include film presentation used in the Avatamsaka World, relocation of ticket office to the lst floor Entrance Hall, planning of exhibition areas such as Architecture Models of World Religions and the Children Center, etc.

The exhibition of "Architecture Models of World Religions" is very helpful to educational promotion among students; it easily stimulates the audience's interest and curiosity. Setting up the Children Center is another creative attempt. Children may have difficulties in understanding profound knowledge of religions; but interestingly, they are more intuitive to the common feature of many religious traditions, i.e., love, and they even express love without hesitation. It is through kids' youthful vision that the cartoon animal "Miracle" and the scene "Loving Forest" become the most welcome "touring experience." The Children Center not only expands our audience from adults and students to preschool children,

through community storytelling event, it also takes our exhibit designs to the professional realm of children exhibition.

Special Exhibitions

It is difficult to present all kinds of world religions within a limited space. Since the Museum cannot display many faiths and their sections at the beginning stage, in addition to developing different permanent exhibitions in the future, frequent special exhibitions are made to strengthen this part.

Over thirty different special exhibitions have been held in recent years. Exhibitions and Collections Department started from theme researches and then entered into planning stage. Except for outsourcing construction, the department's task ended when exhibitions were concluded. The criteria of special exhibitions are that they fit into MWR's ideas and serve to introduce cultures and arts of world religions while including multiple themes and rich educational meanings, such as Buddhist Sculptures of Shanxi Province in 2004, Pursuing Good Fortune: Taiwanese Folk Culture Artifacts in 2005, The Bronze in 2006, A Painting A Story in 2007, Explore Avalokitesvara, from Chinese to Taiwanese Guanyin in 2009, and Spirit of Ancestors--the Religious Beliefs of Taiwan's Indigenous People in 2010, etc. In order to enrich our special exhibitions, we have been cooperating with other institutions and collectors, such as Israel and Mexico Economic and Cultural Offices in Taipei. It not only brings the uniqueness of foreign cultures into our exhibitions, but also tells the stories of long existed faith traditions. The followings are the important special exhibitions in chronicle order:

▲ 2011   Huamantla's Flower and Sawdust Carpets
▲ 2010   Spirit of Ancestors—the Religious Beliefs of Taiwan's Indigenous People
▲ 2009   Explore Avalokitesvara, from Chinese to Taiwanese Guanyin
▲ 2009   Mexican Day of the Dead Festival
▲ 2009   The Book of Inter-religious Peace Solo Exhibition by Dr. Dorit Kedar
▲ 2008   Chinese Calligraphy Exhibition by Han, Pao-teh
▲ 2007   A Painting A Story
▲ 2007   The Coming of God of Wealth

▲ 2006   ShuangHe People — Exhibition of Local Culture and History

▲ 2006   The Bronze

▲ 2005   Pursuing Good Fortune: Taiwanese Folk Culture Artifacts

▲ 2004   Achievement Exhibition — Cross-Strait Clay-Painting

▲ 2004   Love ShuangHe — Eight Scenes In ChungHo

▲ 2004   Buddhist Sculptures of Shanxi Province

▲ 2003   Getting to Know Islam: The Art of Calligraphy

Collections

The policy of MWR's collection is based on the spirit of "respect, tolerance and love", collecting and reserving religion-related artifacts to preserve religious and cultural assets and to develop the functions of research, exhibit, and education of the Museum. The selection of collections depends on artifacts' historical, cultural, artistic, and educational values and their relevance to exhibit themes. During MWR's construction period, collections were meant to meet the needs of its opening. Both collection strategies and research directions stick to exhibit planning.

Over the years, the main focus of MWR has been its exhibitions in the hope to attract more audience, and therefore not much has changed for its policy. MWR has been keeping its standard storehouse for years and dedicating to preserving its collections through registration and repair works. MWR currently owns over 4,000 items. In recent years, MWR has joined National Digital Archives Program of the National Science Council to develop a digital archive of its collections, which facilitates the different functions of database, research, and management in presenting the features and cultural values of its exhibits.

Missions and Responsibilities of MWR's Educational Promotion

by Wang, Henna (Educational Department)

Our life education emphasizes love and the common values of life in different religions. Our program of life education does not come from nowhere but is developed from exhibitions of MWR. Therefore, both of them should be taken into consideration.

The above is a comment on MWR's educational promotion by Mr. Han, Pao-teh, the first and honorary curator of MWR. Just like what Mr. Han said, educational promotion of MWR is based on its exhibitions and developes from subjects such as life journey and world religions. Its aim is to explain difficult exhibit contents in simple ways to audience of all ages. The main theme of MWR's exhibition is "religion," which is closely related to various subjects of life education in school. Therefore, MWR's initial outreach to campus is defined as the theme of "life education," an important subject of teaching.

Although "life education" is an important subject of teaching in school, when school textbooks are changed, teachers are confused about what to do to promote it. On this occasion, MWR's Hall of Life's Journey becomes the best spot of situational teaching for life education. In 2003, MWR launched a new program-- "life education for 365 days" and signed with various schools. Teachers and students were able to take tours to the Museum on any day of a year to learn about life education. At the same time, the Museum was open to applications of free teacher workshop on daily basis. The purpose is to increase teachers' knowledge about the Museum and to provide them with multiple methods of teaching to complement insufficient part of life education in schools.

When schools were still groping for instruction methods of life education, MWR has already edited two teaching handbooks: Garden of Life and Five Stages of Life. Garden of Life integrated teaching units in textbooks and exhibit content of the Museum. It showed teachers how to incorporate exhibit content into their teachings. Five Stages of Life introduced the Hall of Life's Journey and meanings and values of different life stages expressed by religious rituals. Groups such as "life navigators" and "school agents" were also formed. Teacher members discussed students' learning methods and teaching contents with the Museum's educational promotion staff, and they were continually provided with teaching resources about life education.

The Museum's Children Center "Kids' Land: A Quest for Miracle in the Loving Forest" was opened in 2005 to bring life education to preschool children. It made use of various interactive devices and a forest full of magic to help preschool children learn about different forms of love through their sense perceptions. A lovely cartoon animal "Miracle" was created to help children learn about the importance of protecting lives. With the opening of the Children Center, the Museum also initiated a program called "Rainbow Witch Storytelling" in weekend afternoons to entertain kids and educate them at the same time.

Since our exhibition theme is various religions, we can also explore religions in terms of their aesthetic concepts. Appreciation of beauty is a part of life and human character. If life education can expand our sense of beauty, it will also uplift the spirit of the Museum. The same exhibitions with the same collections have different meanings by viewing them from different angles, i.e., love or beauty. Therefore our educational promotion will never be exhausted.

Han, Pao-teh MWR honorary curator

Aesthetic education is an important part of the Museum's life education, for religious relics and arts are closely

tied to each other. Ever since ancient times, arts have existed for religions. The point of the Museum's educational program is that audiences not only learn about values of life from knowledge and content of religions, but also learn how to appreciate religious arts and architectures, and then bring art into their daily life. Over the years we have held workshops, summer camps, field trips, and lectures to introduce exotic cultures and to bring art into daily life, such as "2008 Autumn's Footprints: Tour to Religious Buildings," "2009 Explore Avalokitesvara,from Chines to Taiwanese Guanyin," "2010 Spirit of Ancestors – the Religious of Taiwan's Indigenous People," and "2011 Huamantla, Mexico Flower and Sawdust Carpet" etc.

In addition to aesthetic education, rising numbers of new immigrants in Taiwan have made "new inhabitants" an important social topic in recent years. From kindergartens to high schools, neighborhoods to offices, we will see foreign cultures. School education also starts to emphasize "multiple cultures"

and related activities. But how do we teach students about mutual respect and tolerance among different cultures in a way that is fun and effective? In this regard, the founding spirit of MWR --respect for all faiths, tolerance for all cultures, and love for all life-- can be developed into the core educational value. In 2009, MWR organized an exhibition tour on "multicultural education on campus." According to MWR's exhibit on puberty rites, different displays panels and teaching tools were made and lent to schools for free, where our staff gave a teaching demonstration to help teachers in their work.

Whether it is exhibition or educational promotion, nothing can be done without our volunteers. MWR's formal volunteer group was formed in 2005. Selective recruitment, solid trainings, and internship ensure that every visitor here receives the highest quality of service. The number of volunteers reaches 192 in 2011 and it becomes the most complete museum volunteers group in New Taipei City. The group also won the "Volunteer

Quality Award" granted by Cultural Affairs Department of New Taipei City Government in 2009.

Looking back at the past 10 years, MWR's educational focus "life education" has been greatly promoted by different sections of society, including volunteers, teachers, staff, and others who worked on quietly. In the past decade, MWR has laid a solid foundation for life education. In the future decade, MWR will strive to make life education blossom throughout different places.

國家圖書館出版品預行編目(CIP)資料

壹顆心.零距離：世界宗教博物館開館十周年紀念專刊 / 洪淑妍主編.
-- 初版. -- 新北市：世界宗教博物館基金會出版, 2011.11
　面；　公分

ISBN 978-986-6324-10-9(精裝)

1.世界宗教博物館

206.8　　　　　　　　　　　　　　　　　100021278

總 監 修　釋心道
總 策 劃　釋了意
主　　編　洪淑妍
責　　編　陳冠佑

美　　編　徐世偉 / 唐敏淳
圖片提供　宗博館、靈鷲山圖書館、靈鷲山資料中心

發 行 人　釋了意
發 行 者　財團法人世界宗教博物館發展基金會附設出版社
出 版 者　財團法人世界宗教博物館發展基金會附設出版社
地　　址　234新北市永和區中山路一段236號6樓
電　　話　(02) 8231-6789 轉1568
傳　　真　(02) 2232-1010
網　　址　www.093.org.tw
讀者信箱　books@ljm.org.tw

法律顧問　永然聯合法律事務所
總 經 銷　成信文化事業股份有限公司
印　　刷　大亞彩色印刷製版股份有限公司
初版一刷　2011年11月
定　　價　新臺幣 580 元
I S B N　978-986-6324-10-9